● **编委会**

主　任：刘　炜　孙秀丽　黄丽丽

主　编：钱初熹　朱黎兵

编　委（按姓氏笔画为序）

马蔚斌　吕云萍　李　莉　邱云章

张　泽　张旭东　陈怡婷　郑杰才

郑宝珍　郑惠婷　徐英杰　徐耘春

赖思沁

● 全国教育科学"十四五"规划2021年度教育部重点课题"五育融合视域下小初高一体化美育课程体系建构及实施策略研究（批准号DLA210382）"研究成果

● 厦门英才学校"以美融通五育一体化育人体系"之美育课程系列

福建卷

非遗里的中国智慧

主编 钱初熹 朱黎兵

高中分册

厦门大学出版社
XIAMEN UNIVERSITY PRESS
国家一级出版社
全国百佳图书出版单位

图书在版编目（CIP）数据

非遗里的中国智慧. 福建卷. 高中分册 / 钱初熹，朱黎兵主编. -- 厦门 : 厦门大学出版社，2025.3.
ISBN 978-7-5615-9490-2

Ⅰ. G122-49

中国国家版本馆 CIP 数据核字第 2025JV3229 号

责任编辑　郑　丹
美术编辑　李嘉彬
技术编辑　许克华

出版发行　厦门大学出版社
社　　址　厦门市软件园二期望海路 39 号
邮政编码　361008
总　　机　0592-2181111　0592-2181406(传真)
营销中心　0592-2184458　0592-2181365
网　　址　http://www.xmupress.com
邮　　箱　xmup@xmupress.com
印　　刷　厦门集大印刷有限公司

开本　889 mm×1 194 mm　1/16
印张　36.25
插页　2
字数　988 千字
版次　2025 年 3 月第 1 版
印次　2025 年 3 月第 1 次印刷
定价　168.00 元（全 5 册）

本书如有印装质量问题请直接寄承印厂调换

厦门大学出版社
微信二维码

厦门大学出版社
微博二维码

目录

衣 / 1

演绎惠安女服饰
（欣赏·评述单元）……………………… 3
（创意·表现单元）……………………… 11

食 / 27

遇见茶汤和好天气
（欣赏·评述单元）……………………… 29
（创意·表现单元）……………………… 39

住 / 47

对话世界文化遗产
（欣赏·评述单元）……………………… 49
（创意·表现单元）……………………… 53

行 / 61

"行"之创意——迭代轨迹
（欣赏·评述单元）……………………… 63
（创意·表现单元）……………………… 75

演绎惠安女服饰

（欣赏·评述单元）

❀ 单元情境

美术课上，有同学提出："老师，惠安女服饰也太老土了吧，这都是我爷爷奶奶年轻时候穿的衣服了，现在谁还在穿啊，看不出有什么美！"惠安女服饰真的很老土吗？惠安女服饰造型与色彩搭配与我们日常生活有什么联系呢？惠安女服饰历经长久的发展，形成了哪些独特的美感特征？惠安女服饰会不会永久地传承下去？

❀ 单元目标

- 能知道：惠安女服饰的特点、结构、色彩搭配等基本要素。
- 能做到：运用思维导图、调研报告、视觉笔记等形式对惠安女服饰的传承进行思考和探索。
- 能理解：惠安女服饰的历史地位和文化内涵，并有保护与传承的热情。

❀ 单元任务

- 了解惠安女传统服饰文化特色，制作思维导图总结惠安女服饰的智慧与文化表现。
- 运用思维导图，结合调查问卷形式，提出对惠安女服饰传承的思考并提出发展对策，同时，通过实地探访手工艺人，了解服饰部件的构造和制作方法以及惠安女首饰对她们生活的影响，并形成调研报告。
- 通过调研和讨论交流，在惠安女传统服饰的基础上，提出对惠安女服饰的改良方案，形成视觉笔记。

❀ 单元评价

团队成果	·规划实地探访方案 ·实地探访 ·以"惠安女服饰现状"为主题的调研报告	参与评价人员： ☐班级 ☐学校 ☐社区 ☐网络 ☐个人
个人成果	·创作视觉笔记 ·成果 ·展示汇报	

❀ 中国智慧

天人合一、因地制宜、和谐共生

第1课时 探根溯源
——惠安女服饰探秘

惠安女概述

惠安女是福建泉州惠安县惠东半岛海边的一个特殊族群。惠安女子的特色服饰在汉族女子服饰中独树一帜，主要分布在福建惠安东部崇武镇郊和山霞、净峰、小岞三镇，是中国传统服饰精华的一部分，被誉为"巾帼服饰中的一朵奇葩"，入选国家级非物质文化遗产。

地理位置

惠安县地处福建省东南沿海突出部，介于泉州湾与湄洲湾之间，东濒台湾海峡，地势一面依山，三面环海，西北高，东南低，呈马蹄形层状倾斜。过去交通(道路)方面的阻隔，使它的某些文化痕迹得以保留下来，形成了惠安女服饰民俗文化的独立性。

人文风貌

惠安经济以渔业和石业为主，当男人出外谋生或出海打鱼时，惠安女便成了建设家乡的主力军。她们无论下海、耕田、开路、修水利，还是雕石、织网、锯木、做女红和经商做买卖，不管粗活、重活、细活，事事能干，样样出色，孝敬公婆、教育子女，勤俭持家、善做家务，惠安女自然成了勤劳的代名词。

4

惠安女服饰特色

惠安女服饰，整体调和，纯朴大方，色彩富丽堂皇，可分为崇武山霞和小岞净峰两个风格。前者斗笠较大、厚、重，笠面和尖顶有小弧度，尖顶有小棕片漆红；后者斗笠较小、薄、轻，笠面和尖顶平切，尖顶没有镶红棕片。前者头巾多为蓝底白花和绿底白花；后者也戴头巾，但多为红底白花。

小岞/净峰惠安女

崇武/山霞惠安女

小岞/净峰的婚饰

崇武/山霞的结婚盛装

封建头

浪费裤

节约衫

加油站
惠安女的头部被斗笠和头巾包裹得仅露出一张脸——"封建"；
服饰花色多样、丰富——"民主"；
裤脚宽达0.4米——"浪费"；
上衣较短，露肚脐——"节约"。

服饰色彩

黄斗笠的色调强调的是金色的沙滩，是阳光。黑绸裤的黑色具有富有、名贵的象征。上衣的蓝色调象征着天空、大海，象征着宽阔的胸怀，同时也赋予了一种述之不尽的神秘。

服饰分类

惠安女服饰很讲究，依据身份、年龄等分很多种，如大夫衫、接袖衫、缀做衫、贴背、内衫、腰带、百褶边裙、笼裤、凤冠鞋、绣拖鞋及童靴等。

贴背 笼裤

贴背 袖套

贴背 袖套

《五光十色惠安女》（吴颖乾）

评一评
惠安女子带给我们怎样的美学思考？地理环境对惠安女服饰造型有何影响？

服饰纹样

惠安女服饰纹样，大多寄予着对美好生活的向往，形态也是多样，主要集中在服饰的领围、头巾、袖套、踏轿鞋和童帽及一些服装小饰品上，其造型古朴有趣，浑厚粗犷，以简胜繁。惠安女服饰纹样是海洋文化与中原文化碰撞交融的产物，不仅反映了惠安女的勤劳与善良，也显示出惠安女的生活智慧和艺术才能。

△惠安女服饰纹样用于腰巾、头巾、装饰之中

 想一想

如何通过惠安女服饰纹样的线与面的构成体现惠安女服饰的智慧与文化特色？

在这些纹样中，图形构图排列大小对称，以小自由的形式为主，纹样色彩大多红艳热烈。纹样内容以动物纹、植物纹和几何纹为主。惠安女服饰中的装饰纹样与传统、自然形象结合起来，具有更深层次的寓意。

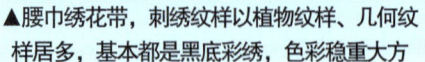

▲腰巾绣花带，刺绣纹样以植物纹样、几何纹样居多，基本都是黑底彩绣，色彩稳重大方　　▲惠安女刺绣中的生活场景，图出自《惠安女服饰与刺绣》　　▲惠安女服饰上的蝴蝶纹反映了图腾崇拜　　▲几何图形

头脑风暴

惠安女以其吃苦耐劳的形象、奇异的服饰和独特的民风民俗，构成了一道亮丽的风景。请根据惠安县的地理环境、人文风貌以及服饰特色，通过小组学习和探究学习等学习方式鉴赏惠安女服饰，并通过思维导图的方式总结惠安女服饰的智慧与艺术特色。

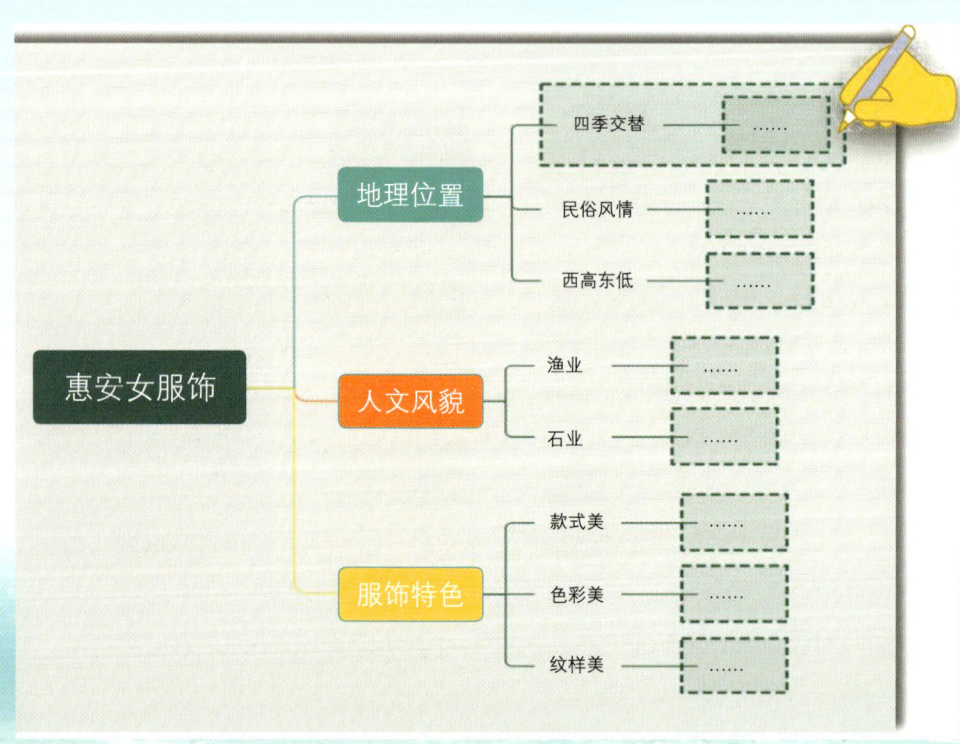

第 2 课时 薪火相传
——惠安女服饰传承

产生与变迁

惠安女服饰是惠安女在长期的劳动中根据劳动方式的需要设计和不断改进，最后形成并长期保存下来的，是惠安女对大自然的独特认识的表露。惠安女服饰随着音乐、舞蹈走上了银幕、报刊书籍等，进而推广至家家户户，产生了系列惠安女品牌产品，推动惠安经济发展。不论是经商还是劳作，惠安女事事能干、样样出色，是生产劳动塑造了惠安女绰约美丽的风姿。

想一想：根据惠安女服饰文化的产生与变迁，惠安女服饰的实用价值、美学价值、经济价值、道德价值分别体现在哪里？

道德价值	实用价值	美学价值	经济价值

想一想

当我们认识到惠安女服饰的价值时，却遇到不争的事实——穿着惠安女服饰的人已经不多，特别年轻一代更是凤毛麟角。有人甚至大胆预测，惠安女服饰再过几十年，或许将难得一见了。为什么传承千年的惠安女服饰，如今却面临着失传的危机呢？

加油站

2005 年起，惠安对全县的非物质文化遗产进行了全面普查，通过普查挖掘了许多珍贵的非物质文化遗产，整理汇编了《惠安非物质文化大观园》一书，其中就包括惠安女服饰的相关资料。又如由中共惠安县委宣传部编著的《中国惠安女》一书，融影、诗艺术精品为一体，从多个角度展示了惠安女服饰的文化内涵；著名诗人舒婷的诗歌《惠安女子》，电视剧《小城故事》等作品表现出惠安女子勤劳、热爱生活的品质，画册《惠安女服饰与刺绣》等佳作把目光聚焦在惠安女服饰的刺绣上，展现了惠安女服饰与刺绣艺术的美感；被收藏于全国妇联博物馆的惠安女雕塑《钢肩铁骨》，集惠安女的外在美和内在美于一体；卡通公仔惠安女和漫画《惠女阿芳》，则成了惠安旅游和"东亚文化之都"的文化使者。

如何保护惠安女服饰文化

随着我国现代化进程的加快，经济、社会和文化都进入全面发展时期，文化生态产生巨大变化，包括民间美术在内的非物质文化遗产受到了不小的冲击，也受到更多的关注。面对新的时代变革，我们应该如何保护和传承惠安女服饰文化？

学习任务 了解非物质文化遗产的含义，查找惠安本地与惠安女服饰相关的非遗项目与传承人名录，并制订拜访计划。搜寻惠安女服饰文化的特色，探讨其发展与衰微现象。

知识窗

非物质文化遗产指被各群体、团体、个人所视为文化遗产的各种实践、表演、表现形式、知识体系和技能及其有关的工具、实物、工艺品和文化场所。非物质文化遗产包括：传统口头文学以及作为其载体的语言；传统美术、书法、音乐、舞蹈、戏剧、曲艺和杂技；传统技艺、医药和历法；传统礼仪、节庆等民俗；传统体育和游艺；其他非物质文化遗产。

惠安县博物馆

学习 探究

以"惠安女服饰文化的传承与保护"为题，召开一次班级研讨会，并以小组为单位向当地政府机关、居民群众等展开线上调查，并做调查总结。

长期以来，惠安女民俗风情作为福建省五大旅游品牌之一受到了广泛关注。政府积极向外宣传与推广，为惠安女树立了很好的形象，也带动了旅游经济。惠安女服饰中的服饰类型、图案寓意是经过千百年的演变和积淀才得以形成的，代表着惠安女的生活智慧与文化记忆。有人说应该让惠安女服饰文化走进博物馆保护起来，也有人说应该让惠安女服饰的款式更加现代化、年轻化，请阐述你的看法与见解！

调查对象基本情况汇总

群体一	性别	年龄	人数
小岞惠安人	男	20岁及以下	
小岞惠安人	女	20~50岁	

8

第3课时 匠心之用
——惠安女服饰新生

实地探访

访非遗传承人

- 惠安女服饰省级非物质文化遗产代表性传承人 詹国平——惠安女传统服饰的守护者
- 惠安女服饰省级非物质文化遗产代表性传承人 李丽英——惠安女服饰的改良者

辩论活动

辩题A：我认为惠安女服饰应该保持传统，这是祖先留给我们的宝贵遗产，不应该对它进行创新和改良。

辩题B：我认为惠安女服饰必须进行创新和改良，适应时代的发展。你认为呢？

小贴士

惠安女服饰是民族文化的瑰宝，无论是传承还是改良，都是对惠安女服饰的守护与继承。

社会调查

背景：走在惠安街头鲜少有人穿着惠安女服饰，这种现象说明惠安女服饰并不受年轻人喜欢，为了了解原因，同学们决定展开社会调查。
形式：问卷调查。
工具：问卷星。
对象：惠安当地社会人士、学生、一线美术教师。

问卷调查问题设置

1.你了解惠安女服饰吗？	○了解	○不了解	○初步了解	
2.你认为惠安女服饰好看吗？	○好看	○不好看	○一般	
3.你愿意在日常生活中穿着惠安女服饰吗？	○愿意	○不愿意	○重大节日愿意	
4.惠安女服饰最吸引你的地方是哪里？	○色彩	○配饰	○纹样	○造型
5.你认为惠安女服饰有哪些地方需要传承和保留？（多选）	○精美的纹样	○鲜艳的色彩	○特色的造型	○丰富的配饰
6.你认为惠安女服饰有哪些地方需要创新和改良？（多选）	○精美的纹样	○鲜艳的色彩	○特色的造型	○丰富的配饰
7.你认为惠安女服饰是否需要改良和新生？请说说原因。				

视觉笔记

审美意识的变化

惠安女服饰本身的缺陷

惠安女服饰传承机制的脆弱

思考·探究

分析惠安女服饰面临危机的原因。探究解决危机的途径。制作一份关于"惠安女服饰新生"的视觉笔记。

###

什么是视觉笔记？

"视觉笔记，是将内容与结构抽象，以可视化的方式呈现的笔记术。"简单来说就是把看到的、听到的或者想到的内容，输出为图像和文字结合的可视化内容。

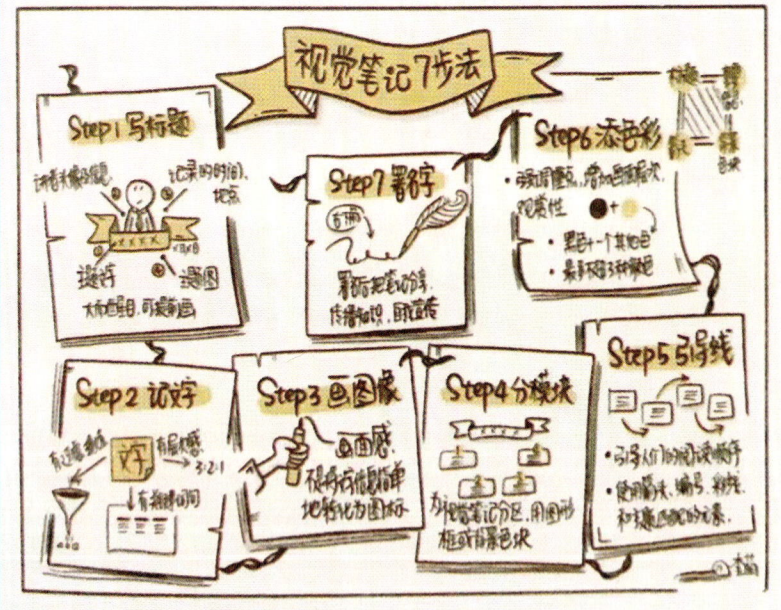

演绎惠安女服饰
（创意·表现单元）

❀ 单元情境

　　学校组织学生赴惠安县进行参观访问。同学们走进了博物馆和非遗传承人工作室，详尽了解了当地的传统服饰特色和作品。那么，惠安女服饰发展的基本脉络如何？我们怎么对其进行传承与保护？如何让惠安女服饰走进我们的日常生活，让它们与现代生活产生紧密联系？有哪些新的设计方法和宣传方式？同学们将通过学习开拓思维，尝试将惠安女服饰中蕴含的人文精神与惠安女的服饰造型特征进行再创新。

❀ 单元目标

· 能知道：惠安女首饰纹样与生活和自然相关；惠安女服装的基本概念和设计内涵；活动策划的流程和不同阶段的工作任务。

· 能理解：惠安女首饰蕴含的人文理念和首饰设计、制作技法；惠安女服装造型的规律。

· 能做到：创作具有惠安女首饰特征的首饰作品；制作一套具有惠安女服装风格的成衣；组织设计、编排一场惠安女服装展示活动。

❀ 单元任务

· 创作具有惠安女首饰特征的首饰作品。

· 制作一套具有惠安女服装风格的成衣。

· 组织设计、编排一场惠安女服装展示活动。

❀ 单元评价

类型	创作惠安女首饰	制作惠安女服饰	组织惠安女服饰展演
自测			
辨析			
讨论			

❀ 中国智慧

天人合一、因地制宜、和谐共生

第1课时 独出心裁
——惠安女首饰再设计

学习目标
- 认识惠安女首饰的材质、样式、图形元素。
- 体悟惠安女首饰的造型特征及其与日常生活的联系。
- 理解惠安女首饰蕴含的人文内涵与价值。
- 了解惠安女服饰与大自然的联系。
- 运用提取元素的方法进行实践。
- 独立设计、制作一件以惠安女服饰为灵感来源的首饰。

了解惠安女首饰

惠安女服饰分布的区域属于历史上交通闭塞、经济水平低下、文化教育十分贫瘠的地方，因此，历史上少有文人对其加以记载。自改革开放以来，随着经济、文化的发展，大量惠安女外出经商、求学，带来了新的文化生活信息，使得惠安女服饰赖以生存的环境发生了较大改变，现如今越来越多的惠安女只有在重要节日才会穿着传统服饰。

《看相》（吴小琼 摄）

年长的惠安女日常佩戴的头饰

惠女风情

加油站

首饰，原指戴于男士头上的帽子，现广泛指以金属、宝石等材料加工而成的耳环、项链、戒指、手镯等。中国传统首饰还包括发簪、发梳、扁方、银锁等。

发簪

发梳

扁方

银锁

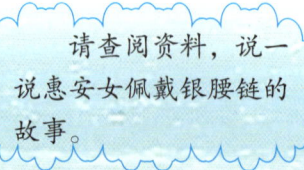
请查阅资料，说一说惠安女佩戴银腰链的故事。

鉴赏惠安女首饰

造型

请从造型、材质、图形元素等方面对惠安女首饰进行鉴赏吧!

　　银腰链是惠安女已婚的象征,已婚女性常在手工绣花腰带上搭配银腰链。宽度为一股到九股不等,每股并排排列,用银片固定两端,中间一段再添加几片方形银片,形成有松有紧的分布状态。银链子的造型是缆绳的象征——她们的丈夫大多是渔民,长年在海上捕鱼,惠安女在腰肚上缠挂着这种像是缆绳的银链子,寄托着对丈夫的思念和祝福。

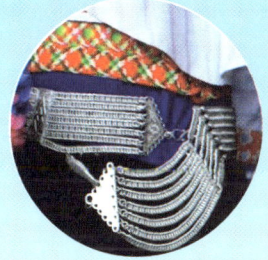
大岞一带的腰链后腰有下摆

小岞一带的腰链无下摆,用梅花扣连接固定

大岞一带头巾以蓝底白花或绿底白花为主要风格

小岞一带头巾以粉红等俏丽的颜色为主要风格

材质

仔细观察:不同区域的惠安女的斗笠造型有何不同呢?

　　惠安女首饰种类丰富,制作材料多样,除最常见的金属银之外,还有金子、竹子、绢花、塑料、棉布等,不同的材料肌理质感和特性呈现出惠安女首饰特有的视觉鲜明、鲜艳热烈的色彩风格。

塑料头饰、竹编篮(左)、竹斗笠、绢布花、手链(右)是惠安女的传统配饰

加油站

　　八闽之地有三大闻名渔女,除了惠安女,还有"帆船头、大海裳、红黑裤"的湄洲女,而在泉州晋江与东海交会处,有"田螺头,簪花围,大裾衫,公鸡鞋"的蟳蜅女,她们充分展现了福建女子吃苦耐劳、拼搏进取、孝亲敬老的美好品德。

固定头巾的别针也有银质的款式(左)
新中国成立初期惠安女的头饰比现在更复杂(右)

湄洲女传统服饰

蟳蜅女传统服饰

图形元素

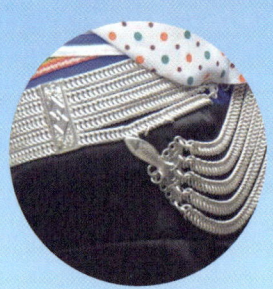
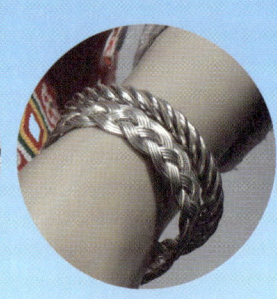

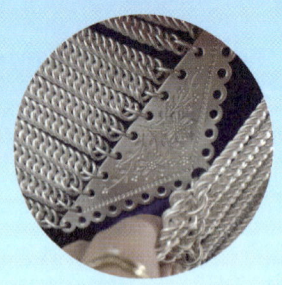

惠安人是古百越民族后代的一个支流。在当地，蝴蝶图样是其原始的族徽和图腾。

因此惠安女在服饰和头饰上也运用了大量蝴蝶对称的造型图案。

大岞区域惠安女腰带的扣头是鱼的图案，手镯上的绳纹和斜线纹与惠安女出海捕鱼的日常生活息息相关。

惠安女首饰的装饰图案，也和许多民间文化一样，追求美好寓意，腰带衔接处的两个菱形图案寓意着双双对对的家庭理念，腰带雕花上一连串珠子的纹样寄寓着珠联璧合的愿景。

银饰制作流程

压条

拉线

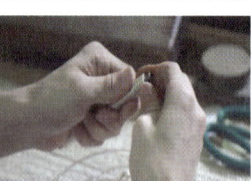
绕银环

剪银环

环环串联

接口焊接

蜂巢头雕刻

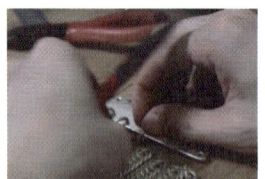
组装拼合

清洗

知识窗

惠安女银腰链制作技艺是非遗手工技艺，除此之外惠安县还有很多非遗技艺，如惠安石雕、惠安女服饰、惠安木质渔船建造技艺、惠安传统建筑营造技艺等。

惠安石雕

惠安女服饰

惠安木制渔船

惠安传统建筑

评一评

- ☐ 我了解惠安女首饰种类、材质和造型特征。
- ☐ 我能够通过鉴赏理解惠安女首饰蕴含的人文内涵。

惠安自然色彩　惠安女服饰的形成与自然紧密相连！

惠安女有的住在海岸边，终年与大海涛声相伴；有的住在丘陵山地与茂密的树林，与绿色植被相依；还有的生活在充满风沙石砾的环境中，蔚蓝的天空、碧绿的大海、金黄的沙滩以及黑色的土地等丰富多彩、触手可及的自然环境与她们世代相伴，早已在她们心中烙下深深的印记，形成了她们对色彩的认识。于是，黄、黑、蓝、绿自然而然地成为惠安女服饰中的主流色彩。

灵感提取　开启头脑风暴，搜集相关素材

从古至今人们不断从自然中获取创作灵感，除了提取自然中的色彩，提取形象也是创作时的常见方式，请你收集资料，仔细了解惠安女的生活起居，绘制思维导图。

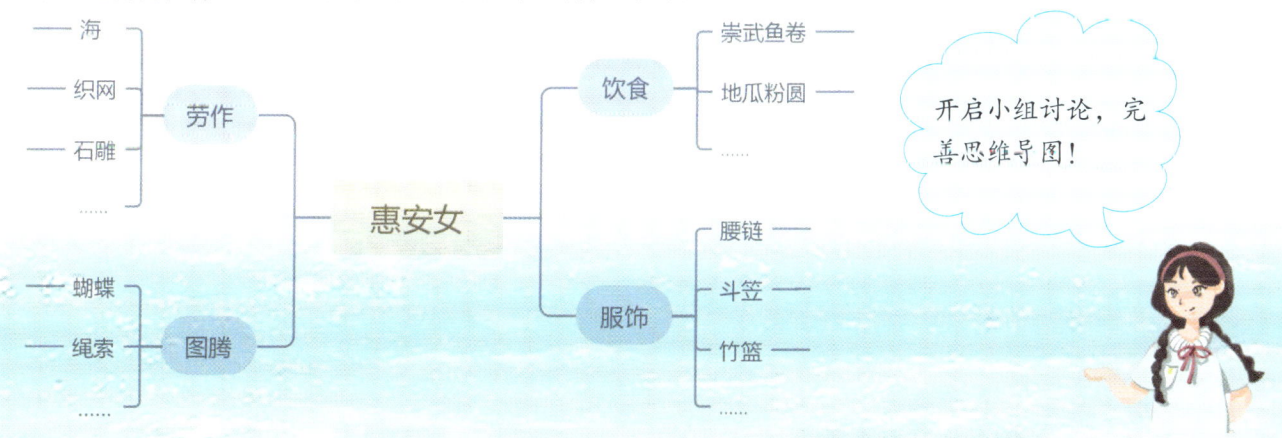

开启小组讨论，完善思维导图！

元素想象　尝试进行图形设计

根据选定的设计切入角度，对元素进行特征观察和设计，将基本元素变得丰富且富有寓意。

如，选择大海的元素，可以提取海浪的视觉特征，改变其传统的造型方式，并尝试与其他自然物体相结合。

祥云元素也为首饰赋予美好寓意，寓意惠安女祈盼祥瑞，追求美好生活的愿景。

> **知识窗**
>
> 首饰艺术设计是创意能力和美工技巧的结合，也考验设计者对首饰材料的性质及结构的组织能力和空间构造能力。首饰设计强调现实美的共性，追求审美共鸣，由于审美心理会随社会文化和生活方式发展而产生变化，因此首饰设计也必须不断地创新，紧跟时代发展的需求。

衍生设计

根据提取的元素进行首饰设计，并运用金属、塑料等综合材料尝试制作首饰。

制作完成

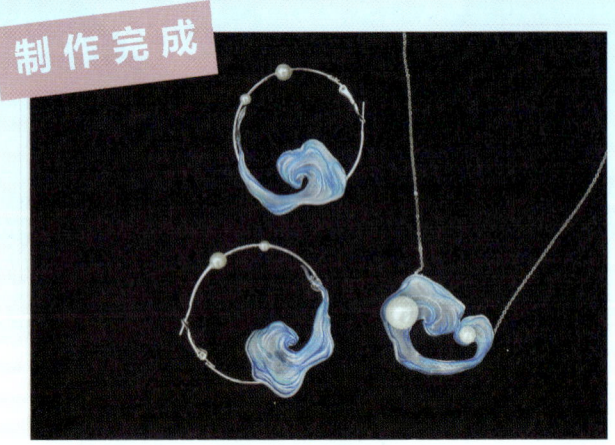

准备材料

绘制草图

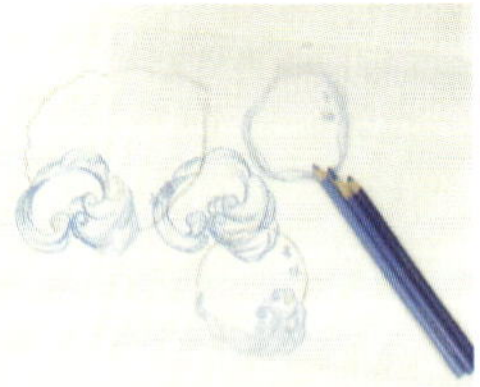

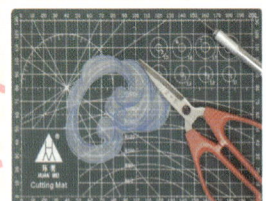
将图案裁剪下来

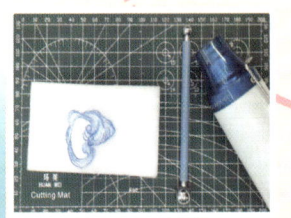
在热缩片上绘制

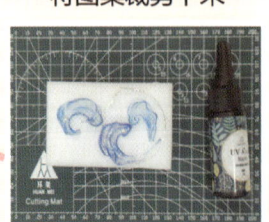
用UV胶将珍珠、耳环等配件进行组装

用热风枪吹制，并用丸棒整理造型

延伸与拓展

运用"元素提取—图形创意—设计理念—制作成品"这样的流程，尝试选取新的切入点进行惠安女首饰设计。

竹编提篮

塑料发卡

评一评

☐ 我能根据主题展开相关设计
☐ 我能从作品中发现蕴含惠安女服饰元素的内容

第 2 课时　独具创新
——惠安女服装再设计

学习目标

◎ 了解惠安女服饰的构成与造型特点。

◎ 通过欣赏、探究，归纳惠安女服装构成的基本规律，在感知体验和实践中运用相关知识进行表现。

◎ 感悟惠安女服装中所蕴含的设计精神与家国情怀，理解民俗文化、协调与变化的服装之美。

认识惠安女服饰

惠安女服饰是国家级非物质文化遗产之一。惠安女头披花头巾、戴金色斗笠，上穿湖蓝色斜襟短衫，下着宽大黑裤。花头巾的花大多是小朵的蓝色花，衬以白底，显得活泼、亮丽；头巾紧捂双颊，只露眉眼和嘴鼻，衬出惠安女含蓄和恬静的美。惠安女子的特色服饰在汉族女子服饰中独树一帜，是中国传统服饰精华的一部分，被誉为"巾帼服饰中的一朵奇葩"，具有很高的实用艺术价值和民俗文化研究价值。

❀ **关键词**

惜物勤俭、天人合一、因地制宜、守望相助

"封建头、民主肚、节约衫、浪费裤"十二字将惠安女服饰特点概括得形象生动。

花头巾

短襟衫

宽裤腿

不同年龄段惠安女服饰特征对比

你能在惠安女服饰上找到它历史的影子吗？如今的惠安女服饰在历史的基础上传承或创新了什么？

1.短上衣

· 中青年妇女的短上衣比较素雅，颜色有白色、淡蓝色、淡蓝紫色等；老年妇女的短上衣为深蓝色。

· 在衣领上，中青年妇女上衣的衣领是非正式的衬衫领，领面没有车缝装饰；老年妇女短上衣的衣领是小立领，领面有滚边和车缝装饰。

· 开襟上，中青年妇女与老年妇女短上衣的开襟均为右开襟，开襟连着衣领，中青年妇女短上衣的衣扣为白色塑料钉扣，腰侧用纽襻固定，老年妇女短上衣的衣扣为白色包扣，腰侧有滚边装饰。此外中青年妇女与老年妇女短上衣最大的区别在于有无华丽的滚边装饰。

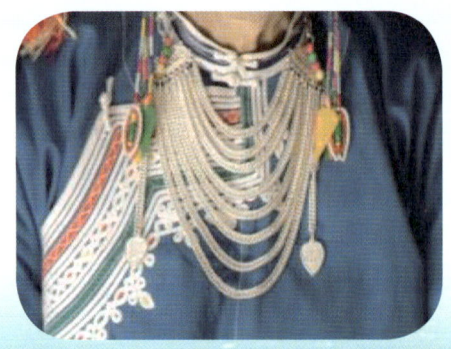

・崇武缀做衫由接袖衫发展而来，其后演变成现今普遍使用的节约衫式样，它作为特定历史时期产生的过渡形制，在款式结构变化上起到承上启下的作用。右图所示为江南大学民间服饰传习馆所藏的一款编号为 H 衫 017 的缀做衫实物标本。

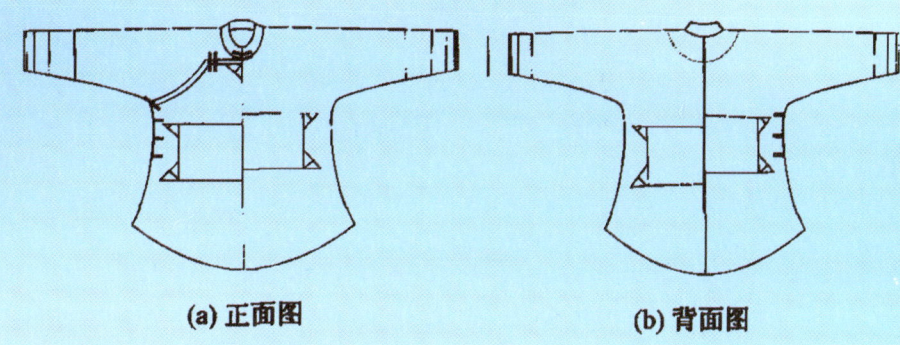

(a) 正面图　　(b) 背面图

2.裤子

・两者均为大折裤，但老年妇女的裤子是传统的蓝色腰头的黑色大折裤，裤裆处无三角形拼接布块，而中青年妇女的裤子是改造后的绿色腰头的深蓝色大折裤，裤裆处用三角形同色布块拼接。

> 请查阅资料，说一说：为什么惠安女的衣服要熨烫成格子状？蕴含什么生活智慧？

惠安女裤子"风窗效应"示意图　　裤子的结构图

加油站

惠安女裤子的裤管为一片式。从人体穿着舒适性来看，便于人体散热排汗，宽松的裤管使腿部和服装之间产生很大的间隙，促进空气流通，形成"风窗效应"；从劳作便利性角度来考虑，宽大的裤管有利于面料自身的快干。由于惠安女常常在海边劳作，裤子经常被打湿，"风窗效应"使得被打湿的裤子能快干，并且，宽大的裤管使得被打湿的裤子不会粘在腿上，使人觉得更舒适些，所以这样的裤管即使湿了也很快就能全干，并不影响正常活动。

试一试

结合所提供的资料，谈一谈你对惠安女服饰蕴含的生活智慧的看法。你从中可以获取什么灵感？

3.头巾

头巾是惠安女头饰的主要部分，中青年妇女一般只简单地扎条红头巾，并在巾面上别点简单小饰物做装饰；老年妇女的头饰比较讲究，她们不仅扎红头巾，也戴巾仔布，并且巾面上配有多种饰物点缀。

合作探究

根据查阅到的资料，对惠安女文化、形象、生活、服饰特点等因素进行头脑风暴，提取出惠安女相关文化元素，绘制出思维导图。

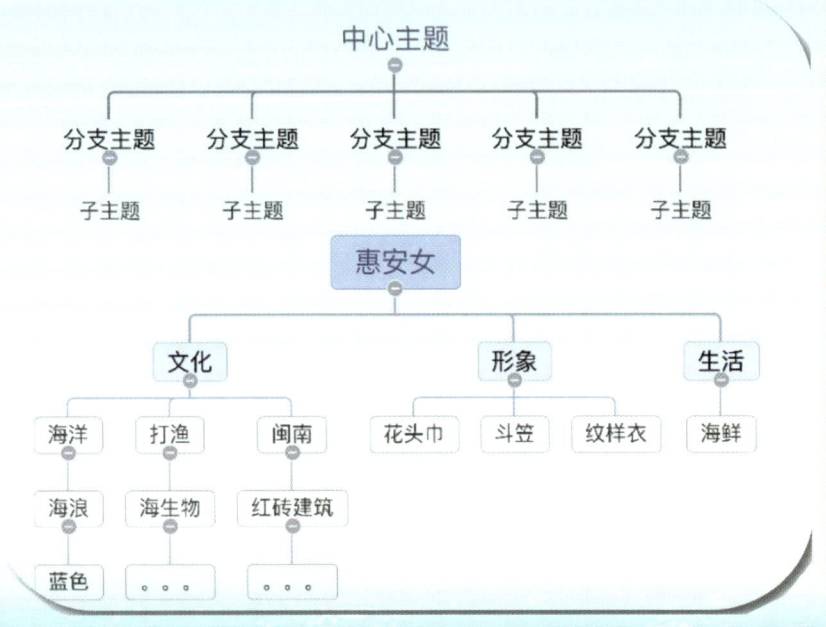

加油站

她们都头戴斗笠，斗笠上也点缀着各种绒花、塑料花，崇武的斗笠边缘稍有弯曲，略显厚重。小岞区域惠安女的斗笠轻、薄、小，也戴头巾，头巾上点缀有红色小花，中青年在头顶前方还别着一至三把塑料梳子，未婚青年留刘海。斗笠上涂黄漆，具有防日晒雨淋的作用。

生活	
文化	
形象	

创意与表现

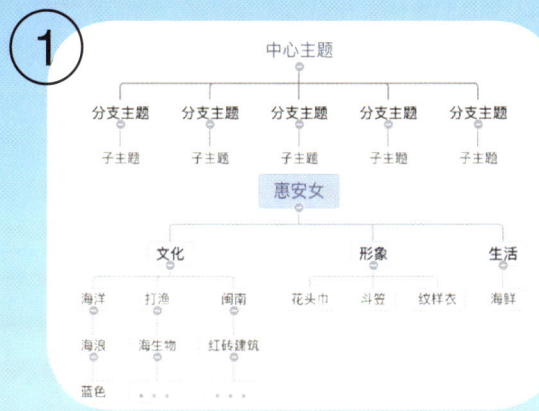

① 惠安女头脑风暴脑图

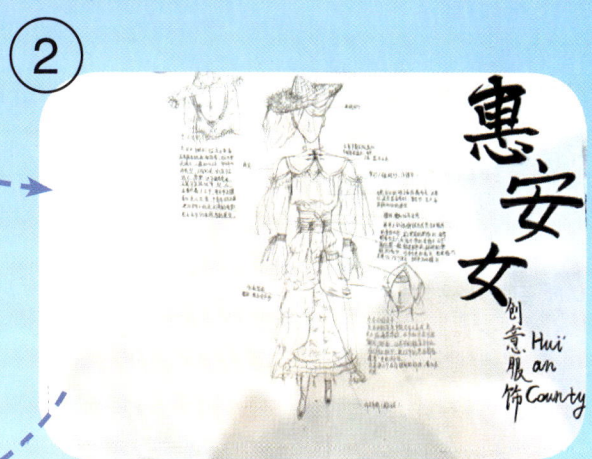

② 经历过头脑风暴后，将提取的元素整合成服装视觉笔记

③ 制作纸质立体服装拼贴

④ 经讨尝试之后用布料完成服装半立体小样效果图，并附上线稿

⑤ 完成服装人台成品展示

第 3 课时 异彩纷呈
——惠安女服装展示

学习重点

◎ 本课时学习的重点是"惠安女服饰创意表现活动"。第一阶段根据学生制作的惠安女首饰及服装，用多媒体工具进行成果展示并利用该系列作品进行活动策划宣讲；第二阶段针对学生宣讲成果精选优秀主题，并对该活动设想进行脚本设计，最终实现成果展示。

设问：你看过时装表演吗？描述一下你的感受。

加油站

在时装秀的萌芽时期，举办时装秀的目的很简单：销售。一群富人聚在小型展销会上，喜欢哪件高定就买哪件。

随着时代的发展，时装秀逐渐变得意义多样，形式多变。不过我们可以确定的一点是：这确实是一个展示品牌和设计师魅力的好机会。

讨论

请查阅资料，设问：如果我们要举办一个主题为"惠安女服饰继承与发展"的服装秀，需要做哪些准备工作？

了解惠安女的生活，设计主题

一个好的时装秀的关键是一个总体的主题、一个协调良好的团队和一个精心设计的节目。

主题

 >>  >>

团队　　归类分组、头脑风暴

活动

- 针对教师的问题展开头脑风暴。
- 通过自由回答的方式将准备工作整理为若干类。
- 分组，请学生将这些工作归类整理。
- 请学生根据个人喜好进入相应筹备小组，统计各组人数，并对各组人数加以平衡。

探索与发现

在这里我们可以细分为2个部分：

① 展览计划：主题、地点、日期、音乐、装饰；

② 团队运作：设计师、模特、发型和化妆造型师、展览协调员、灯光和音响专业人员。

活动：小组展示，组长负责活动宣讲

创造情境：以惠安女劳动智慧为背景，以四季更替为主题，展示惠安女服饰元素在当代生活中的继承与创新。

· 请各组课后按照计划做准备工作。
· 各小组展示，组长负责活动宣讲，选取小组最优方案作为服装秀最终方案。

01　小组成员：

02　小组分工：

03　方案设计：

想一想

从一幅幅构图别致、五彩缤纷的画面中，款款走来的是婀娜多姿的惠安女；扑面而来的是波翻浪卷的大海边浓郁的渔乡气息；感受到的是风情万种的闽南文化。惠安女服饰各部分之间在色彩、款式、线条、图案等方面的配合是相当协调且恰如其分的，它既带有传统意蕴，又有一定的现代气息。

惠安女服饰的发展变化有其自身固有的规律，它以适应生活和劳动为前提，并严格遵循自身的审美观念，以"称体、入时、从俗"为追求目标。

如今，受生活方式变化的影响，穿着传统惠安女服饰的人已经越来越少了，这一富于地方特色的服饰需要得到更好的传承和发展。

活动展示

时装秀流程及评价方案

1. 写表演计划书：
（1）时装表演的目的、主题；
（2）总脚本；
（3）表演内容、表演形式；
（4）服装、配饰、模特、化妆、音乐、舞台编排要求。

2. 总体安排事项：
（1）目的（举办目的、主要构思）；
（2）表演时间；
（3）演出内容；
（4）服饰来源（自制、租借、合作方提供）；
（5）模特儿（选定模特队、试衣、摄影、训练、彩排、演出安排）。

讨论

- 请学生根据彩排情况提出改进建议。
- 请各筹备小组讨论提出周密详细的改进方案，并完成学习任务单。
- 结合前两个课题的实践成果，进行服装秀表演。

小组	主题	服装名字	设计师	整体效果（3分）	创意造型（3分）	走台效果（3分）	解说（1分）	总分（10分）

食

[福建篇]

非遗里的
中国智慧

FEIYILI DE
ZHONGGUO
ZHIHUI

高中分册

遇见茶汤和好天气

（欣赏·评述单元）

❁ 单元情境

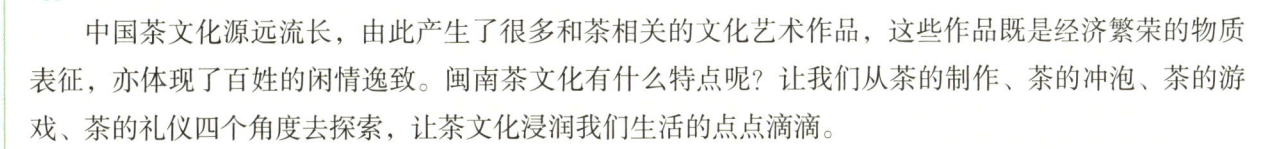

中国茶文化源远流长，由此产生了很多和茶相关的文化艺术作品，这些作品既是经济繁荣的物质表征，亦体现了百姓的闲情逸致。闽南茶文化有什么特点呢？让我们从茶的制作、茶的冲泡、茶的游戏、茶的礼仪四个角度去探索，让茶文化浸润我们生活的点点滴滴。

❁ 单元目标

能知道：闽南茶文化悠久的历史、喝茶的礼仪、铁观音的传统制作技艺、1～2幅中国古代著名茶画作品。

能做到：联系文化情境认识艺术作品的主题、内涵、形式和审美价值，并用恰当的术语进行解读、评价和交流。

能理解：闽南茶文化中蕴含的中国智慧。

❁ 单元任务

· 调查闽南茶的制作过程，学会以茶待客。
· 辨析以茶为主题的作品的文化、风格的差异，形成健康的审美情趣。
· 探究闽南茶文化的继承与发展，总结茶文化中的中国智慧。

❁ 单元评价

类别	历史与文化	茶画赏析	泡茶与斗茶	茶智慧
自测				
辨析				
讨论				

❁ 中国智慧

因地制宜、天人合一、由技入道、张弛有度

第 1 课时

土地和手掌的温度

和我一起去看看安溪铁观音是怎样制作的吧!

　　铁观音,属于乌龙茶类,是中国十大名茶之一,出产于福建闽南地区安溪县。宋元时期,安溪的寺观和农家已经普遍种茶。明清时期,安溪茶业走向鼎盛,茶叶远销海内外。在漫长的岁月里,闽南人积累了很多生产、制作茶叶的智慧。

自然的馈赠和劳动的智慧

　　茶的故事和自然分不开,土壤、海拔、降水、温度等因素都会影响茶叶的品质。得益于得天独厚的自然条件,安溪所产茶叶乌润结实,沉重似铁,香郁形美,犹如观音,故得名"铁观音"。

安溪茶山

安溪独特在哪?查一查,填一填

地貌与土壤	年平均气温	年降水量	湿度	光照
山地,土质多为酸性红壤和砖红壤,适宜铁观音生长				

　　除了自然的馈赠,茶的制作离不开茶农的生产经验和劳动智慧。茶农先以晒青、凉青、摇青等方法,使茶青发生一系列物理、化学变化,再以高温杀青,制止酶的活性,最后进行揉捻和反复多次的包揉、烘焙,形成具有天然兰花香气的安溪铁观音。

探访铁观音的制作过程

铁观音制作技艺在 2008 年就入选国家级非物质文化遗产名录啦!

1.采摘　　2.倒青　　3.室外晒青　　4.室内凉青　　5.摇青　　6.筛青

采一心二叶,俗称"开面采",晴天的早上九点到下午四点采摘。

一心二叶

7.炒青　　8.揉捻　　9.包揉　　10.焙干　　11.挑梗

30

欣赏劳动的图景

安溪茶农用他们的辛勤和汗水，造就了铁观音的兰香铁韵，七泡余香。如何表现茶农劳作的场景呢？学习古代绘画中劳动场景的表现形式，如汉代的《弋射收获图》、南宋的《耕织图》，你会有新的收获！

汉代《弋射收获图》

描 述

《弋射收获图》上部为弋射图景，右为莲池，池内浮着莲叶，水中鱼鸭遨游，空中大雁飞行，下有两人正准备射箭。下部为收获图景，一人挑担提篮，三人俯身割穗，另外两人似在割草。

分 析

整个画面上下构成了一个有机的整体，洋溢着惬意的生活情趣。视觉形象生动有趣，画面富有韵律感，形态造型注重动静结合。

解 释

作者不仅在作品中再现自然景物，而且强烈地表现出对自然的审美趣味。

评 价

作品造型精美、构图完整、形象生动，称得上是绘画史和雕塑史上的奇迹，也为我们提供了研究汉代社会的实物性依据。

素材搜集

茶农在挑茶叶梗

茶农采摘的场景

如何表现安溪铁观音制作的多个环节？尝试通过绘制草图来帮助自己构图。

茶的智慧：因地制宜、天人合一

在生产实践中，闽南人找到了适宜茶树生长的自然环境和茶树种植的规律，总结出一套采制茶叶的专业方法，体现了因地制宜、天人合一的智慧。

第 2 课时

烹茶煮茗
——烧水与煮茶的故事

一起来了解安溪铁观音的冲泡方法吧!

从吃茶到喝茶的历史

绘画作品记录了喝茶方式的演变,你发现了吗?

《宫乐图》唐代 佚名

《撵茶图》南宋 刘松年

唐煎宋点明冲泡

煮茶法

我国的茶经历了"药用"到"食用"的过程。秦朝时,茶才逐渐开始作为饮品出现。当时的人们采摘生叶直接煮饮,这种方式被称为"煮茶法"。

煎茶法

唐时饮茶开始由粗放走向精致。一般用加工过的饼茶,经炙烤、冷却后碾罗成末,初沸调盐,二沸投末,并加以环搅,三沸则止。

点茶法

宋代制茶方式改变,不再将茶末直接放入锅中,而是放在茶盏里面,用瓷瓶将沸水注入,再击拂产生泡沫,这方式被称为点茶法。

泡茶法

明代朱元璋将点茶碗改成了紫砂壶,烹茶的方式逐渐转向以散茶为主的冲泡,这也是现代比较常见的泡茶法。

铁观音的泡法更接近于哪一种?

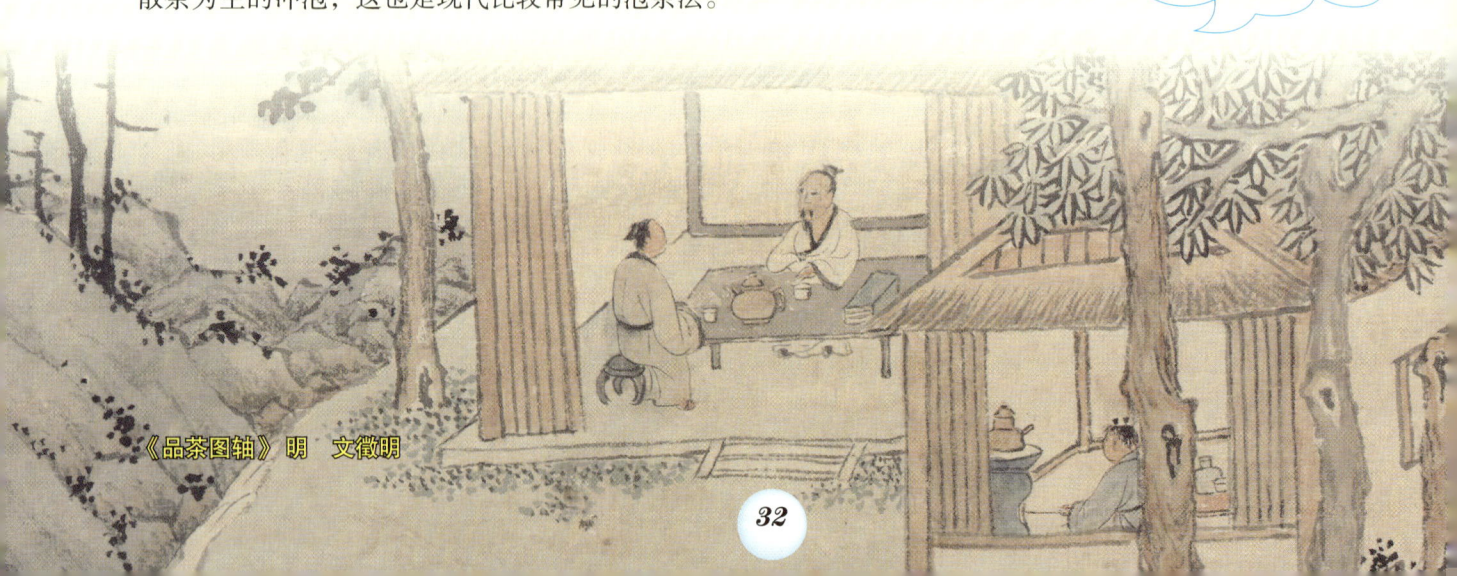

《品茶图轴》明 文徵明

安溪铁观音的冲泡方法

铁观音的茶香高雅而持久，可谓"七泡有余香"。如何泡出一碗理想的茶？一起来看看这八道传统工序。

1. 百鹤沐浴：
用开水洗净茶具

2. 观音入宫：
把铁观音放入茶具

3. 悬壶高冲：
提高壶身把烧开的水冲入盖碗中

4. 春风拂面：
用盖碗的盖子轻轻刮去漂浮的泡沫

5. 关公巡城：
把泡好的茶水依次注入并列的茶杯里

6. 韩信点兵：
盖碗中的最后几滴茶，要一点一点均匀地滴到各个茶杯里

7. 鉴赏汤色：
观察杯中茶水的颜色

8. 品啜甘霖

用画笔记录，用心感受。

邀请朋友们一起来品茶，评一评谁的手艺最好！

茶的智慧：说繁道简、返璞归真

隋唐煎茶时加入葱、姜、花椒、桂皮、橘皮等调味，宋代茶圣陆羽对泡茶的方法进行改革，认为泉水煎茶最好，江河水次之，井水最差，坚持保留茶原初的味道。

第 3 课时

一脉相承
——过去、现在和未来的茶

一起感受茶文化的传承与创新吧！

茶饮方式在宋代发生了很大变化，出现了新的品饮方式"点茶"。与此同时，一种新的竞技游戏"斗茶"也开始流行。安溪铁观音"茶王赛"就是中国民间斗茶风俗的遗存。一起来看看斗茶是如何发展的！

斗茶图中看斗茶

古代以"斗茶"为题材的绘画作品有很多。南宋刘松年的《茗园赌市图》是我国最早反映民间斗茶的绘画作品。画中的人物清一色民间衣着打扮，是宋代街头茶市的真实写照。

试着赏析这幅画，想一想斗茶如何进行。

知识窗

宋代斗茶可分为两类：一种是追求形式的宫廷斗茶，一种是注重茶的内在本质的民间斗茶。

江茶：宋代对江南诸路茶的统称。

《茗园赌市图》（局部） 绢本设色
·刘松年（传）南宋　台北故宫博物院

《品茶图》（局部）　绢本设色
·钱选（传）元　大阪市立美术馆

《斗茶图》（局部）　绢本设色
·赵孟頫（传）元　台北故宫博物院

赵孟頫的《斗茶图》汲取了刘松年《茗园赌市图》的形式。其特色在于人物"传神"，人物的衣褶用中锋笔尖圆匀细描，形似游丝，表现出娴熟的绘画技巧。

茶的智慧：由技入道、张弛有度

后期斗茶向表演发展，茶博士行云流水的动作给人以视觉上的愉悦，技法与审美紧密融合，"斗茶"成为节奏张弛有度、情趣盎然的艺术活动。

欣赏刘松年的《茗园赌市图》和赵孟頫的《斗茶图》，找一找其中出现了哪些器具，猜一猜它们分别有什么用处。

斗茶器具图

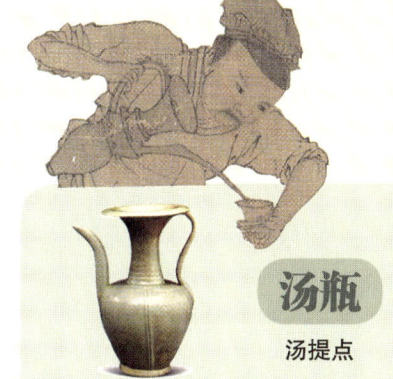

汤瓶 汤提点
斗茶的标志性器具。体型小，瓶口直，长圆腹，能够控制出汤量。

茶碗 陶宝文
以黑釉瓷器为主，保温性好，黑色使白色汤花鲜明。

茶碾 金法曹
碾槽深而窄，碾轮薄且锐，将茶叶聚集起来精准地碾压。

茶磨 石转运
由石头打磨制成，将茶叶磨成末。

茶罗 罗枢密
茶叶碾成末后，放入罗子里筛，用来分开精粗，以便贮用。

茶筅 竺副师
主要的击拂用具。多用老竹制成，根部宽大，尾部略细。

中国斗茶的传统源于唐的贡茶制度而兴盛于宋。结合斗茶流程图，描述《茗园赌市图》的画面，尝试为这场斗茶比赛做解说！

茶担中预备着全套的斗茶器具。

斗茶流程图

碎茶
1. 用棉纸包裹槌碎

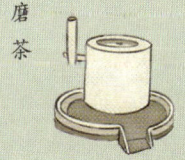

碾茶
2. 放入茶碾碾细

磨茶
3. 进一步加工成更细微的茶粉

罗茶
4. 放入筛网细筛

量茶
5. 搓末于盏

点茶
6. 最重要的一环，往盏中注入沸水

击拂
7. 用茶筅搅动茶汤，使之泛起汤花

置茶托
8. 放置在茶托上，进行品评

宫廷斗茶之胜负

是谁赢了？

比赛规则

一、比较茶汤的色泽及均匀程度

"茶色贵白"，纯白为上，青白、灰白、黄白等次之，茶汤的沫饽越白越厚越好。

二、比较水痕

汤花紧贴盏壁不散退，名曰"咬盏"，汤花散退后在盏壁留下水痕，名曰"云脚散"，根据"咬盏"时间的长短，先露出水痕者为下。

三、比较茶汤面上是否浮有细茶末

考察碾茶的功力，茶汤面上的茶末先沉者为下，后沉者则为上。

《茗园赌市图》中的斗茶者均为站立，他们没有仔细观察茶汤的沫饽和表面图案变化的动作，因此可以推测这幅画中的斗茶，更注重评比茶汤的滋味和香气。

走进安溪茶王赛

明末清初，制茶技术逐渐成熟，"斗茶"发展成有组织、有规模的名茶评比活动，评出的第一名称为"茶王"。安溪每到春秋茶季，都会推出精彩的"茶王赛"。

不同香型铁观音的茶汤

清香型	浓香型	沉香型
金黄带绿	金黄	橙黄、橙红

茶王赛中的茶品怎么评比？

外形	条索卷曲、壮结、沉重
汤色	色泽鲜亮为上
香气	香气馥郁的兰花香
滋味	入口柔顺，滋味醇厚，回甘快，七泡有余香
叶底	叶底肥厚有光泽

知识窗

"茶色"

茶色，是中国传统色彩名词，来源与茶叶有关。

第4课时 沁人心脾
——一碗茶汤见人情

"有空来泡茶啊!"

客来敬茶人情暖

在安溪，家家户户都有一套洁净的茶具、几泡待客的好茶。客人来，冲水烫杯，泡茶分盏，一丝不苟。你家是不是也如此？

赏析作品，寒夜齐白石如何以茶待友？

描 述

墨色瓷瓶和一枝梅花占据画面的大半，瓶子左侧是一盏点燃的烛灯，左下方是一把茶壶和两个茶杯。

分 析

画面简洁明快，用笔朴拙单纯。画中不画主客二人，而用茶壶、茶杯、红烛、梅花，营造出一种宁静淡雅的氛围。

解 释

"客来敬茶"是中华民族传统美德，即使是寒夜也不例外，画中"梅花"与"客来"相呼应，寓意来客的品行高洁。

评 价

古雅的茶壶，三两茶杯，几枝交叉错落的梅花，展现出别具一格的艺术之美，烛火微光让人感受到蕴藏在笔墨间的人情之暖。

《寒夜客来茶当酒》齐白石

知识窗

闽南地区采茶时，以茶为歌；婚嫁时，以茶为聘礼；祭祖时，以茶思亲，茶文化体现在生活的方方面面。

茶乡、茶礼、茶文化

泡茶礼：备茶 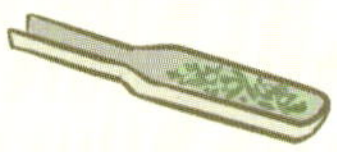 — 取茶  — 清洗茶具  — 泡茶

倒茶礼：倒茶顺序  — 分茶汤  — 双手递杯  — 及时续杯

叩指礼：晚辈向长辈  — 平辈之间  — 长辈向晚辈 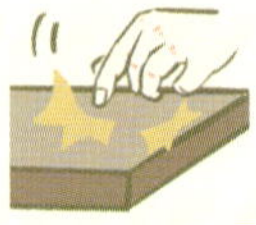 — 简化常用

喝茶礼：小口慢饮  — 轻拿轻放

闽南茶礼仪

中国素有"礼仪之邦"的美誉，闽南也有很多茶礼仪，你知道哪些？

老少不同茶滋味

小调查

生活中每个人所选择的茶的类型、喝茶的方式各不相同，爷爷爱喝早茶，我爱喝奶茶……调查一下身边的人都爱喝什么茶，喝茶的原因、方式和感受分别是什么。

不同年龄段的人对于茶的记忆是怎样的？

奶茶等新式茶饮对于传承和发展茶文化是有利还是有弊？

遇见茶汤和好天气

（创意·表现单元）

❀ 单元情境

盛唐时期，中国的绘画艺术与茶文化之间就建立了极为密切的联系，茶文化的精神内涵影响着文人画家的艺术创作，而这些茶诗、茶画又推动着茶文化不断发展。在奶茶和咖啡霸占市场，喝茶成为中老年人代表的今天，我们应该如何运用不同的艺术形式，传承和发展闽南茶文化呢？

❀ 单元目标

能知道：绘本的构成要素；水墨画的基础知识、创作过程和展示方法；闽南布袋戏的特征和表现形式。

能做到：运用图文结合的方式进行叙事；运用中国书画的工具和形式，表达自己的感受、情感和思想；运用传统木雕工艺进行设计和制作。

能理解：艺术创作与现代生活的关系，传承和发展中国传统艺术的重要性。

❀ 单元任务

以"茶"为主题，融入自己的文化理解和生活经验，进行绘本创作。

综合运用绘画、书法、篆刻的知识与技能，创作水墨品茶图。

深入民间了解闽南布袋戏，按照工艺流程制作茶农偶头。

❀ 单元评价

类别	创作过程	创作主题	美术表现	创意
自测				
辨析				
讨论				

❀ 中国智慧

因地制宜、由技入道、张弛有度

第 1 课时　兰香铁韵
——铁观音的绘本故事

铁观音是中国十大名茶之一乌龙茶类的代表，来创作一本关于安溪铁观音的绘本吧！

绘劳动之美！

绘本制作
活动名称：《铁观音的故事》绘本创作
适合年级：高中学段
创作类型：水彩
准备材料：铅笔、橡皮、尺子、水彩颜料、水彩纸、纸胶带
活动时长：90 分钟

制作安溪铁观音绘本

水彩的基本技法

平涂法　将颜料均匀平涂
渐变法　每画一笔蘸取一次清水
接色法　不同的色块拼接
叠加法　底色干后叠加颜色
晕染法　用清水将颜色晕开
混色法　底色湿润时进行混色
滴水法　底色没有干透前滴入水滴形成花纹
撒盐法　底色没有干透前撒入水彩专用盐

尝试多种工具，探索更多水彩的表现形式。

1 准备材料，编写故事脚本

安溪铁观音的制作　搜索

搜一搜
拍一拍
写一写

这是一片普通的树叶，它即将开启一场神奇的旅行……

2 小组讨论，构思情节场景

用铅笔简单勾勒每个场景

3 小组成员分工，进行单幅创作

用胶带将四周封住，防止颜料外溢

用铅笔构图，确定画面内容

用画笔简单铺色，注意控制水分

添加细节和文字，之后撕下胶带

拓展

数字绘画是绘本创作的重要方式，画笔库中的笔刷能够帮助创作者呈现不同的画面效果。

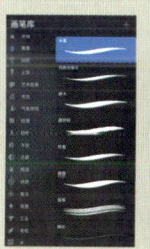

4 装订成册

通过绘本的制作，相信你对铁观音一定有了更深的认识，和大家分享你的绘本吧！

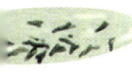

第 2 课时

茶农偶头
——闽南布袋戏

木偶戏是用木偶来表演故事的戏剧。安溪的布袋戏是木偶戏的一种，也称掌中木偶戏，以当地闽南语演唱戏文，俗志有载："掌中班，削木为人，以手演之，事多稗史，与说书同。"

一起来学习这项特别的造型艺术，尝试制作一个茶农偶头！

认识木偶的造型结构

提线木偶

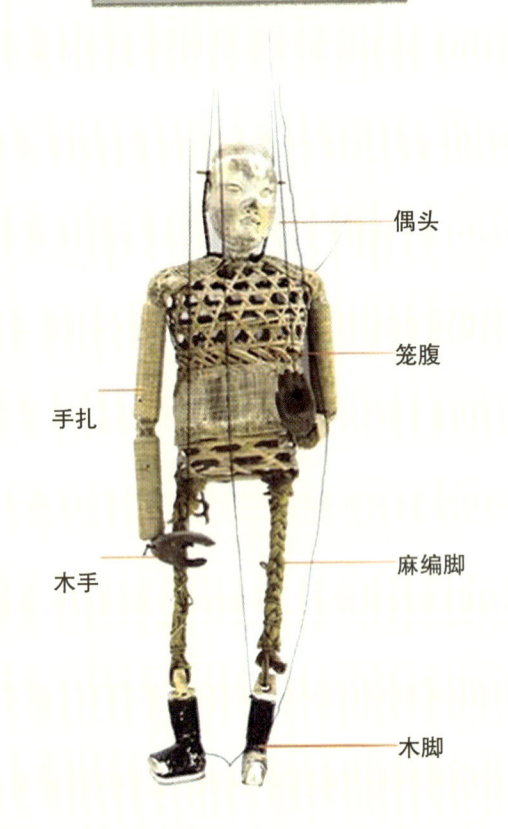

- 偶头
- 笼腹
- 手扎
- 麻编脚
- 木手
- 木脚

提线木偶由偶头、笼腹、四肢、提线和钩牌组成，外披帽盔戏服。

布袋木偶

布内套　偶头

布内套和四肢用绸布包裹棉花制成。

掌中木偶由偶头、布内套、四肢组成，外披帽盔戏服。

偶头的雕刻流程

木偶是"刻木象人"的造型艺术，偶头是表现戏剧人物个性特点与性格特征的主要手段，也是观众审美的焦点。

木偶偶头制作

活动名称：木偶偶头制作
适合年级：高中学段
创作类型：雕塑
准备材料：樟木块、刻刀、鲨鱼皮、矿物质颜料、毛笔、石蜡、胶水
活动时长：40分钟

步 骤 图

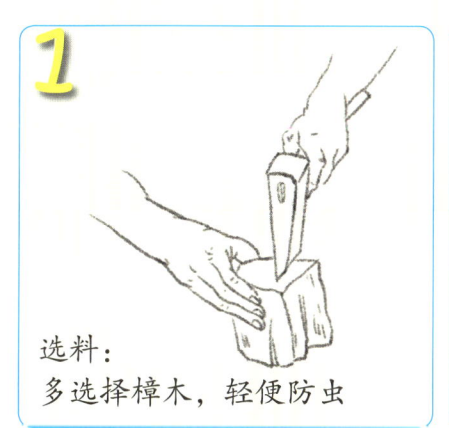

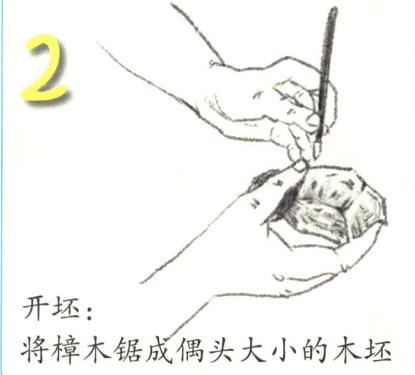

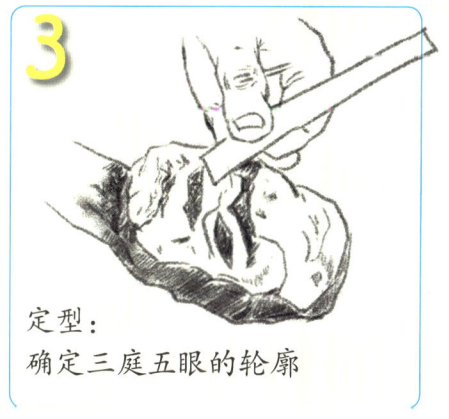

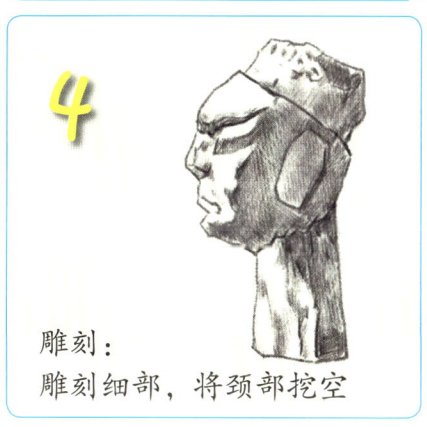

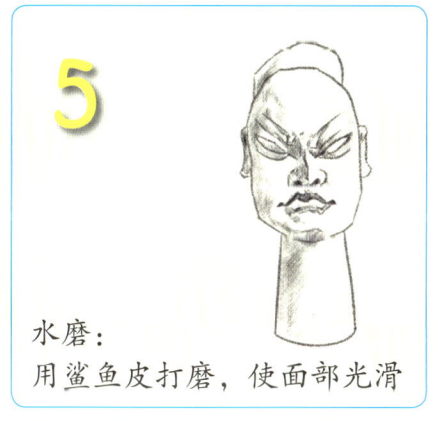

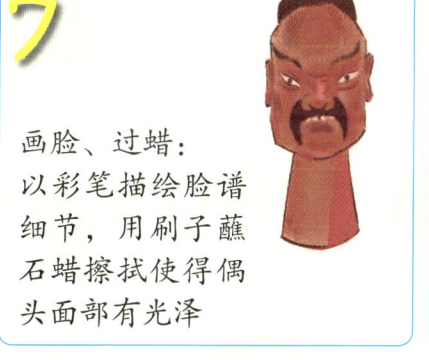

1 选料： 多选择樟木，轻便防虫

2 开坯： 将樟木锯成偶头大小的木坯

3 定型： 确定三庭五眼的轮廓

4 雕刻： 雕刻细部，将颈部挖空

5 水磨： 用鲨鱼皮打磨，使面部光滑

6 盖头、着粉： 用笔将调配好的黄土刷在胚上，反复多次，用矿物质颜料进行敷彩

7 画脸、过蜡： 以彩笔描绘脸谱细节，用刷子蘸石蜡擦拭使得偶头面部有光泽

8 装饰： 依据角色，给木偶头梳发栽须

43

茶农木偶制作

活动名称：茶农木偶制作
适合年级：高中学段
创作类型：雕塑
准备材料：椴木块、雕刻刀、快速锯、防割手套、丙烯颜料、切割垫板
活动时长：40分钟

步骤图

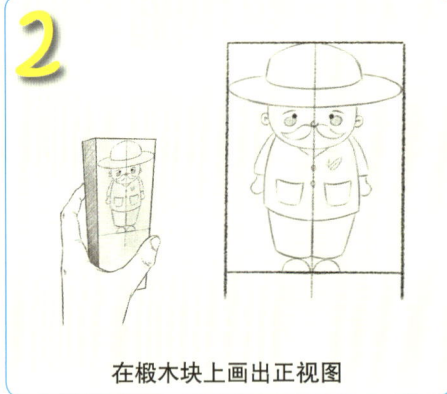

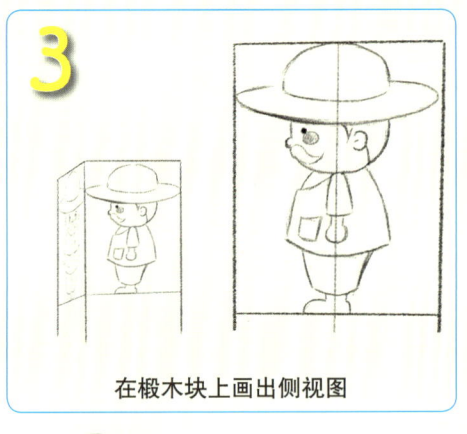

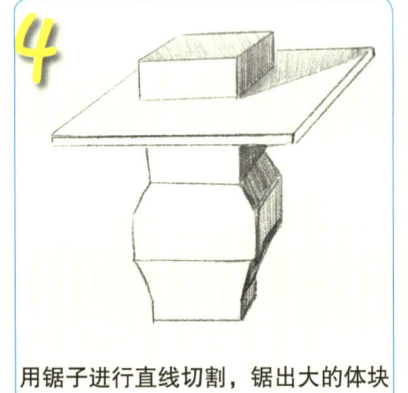

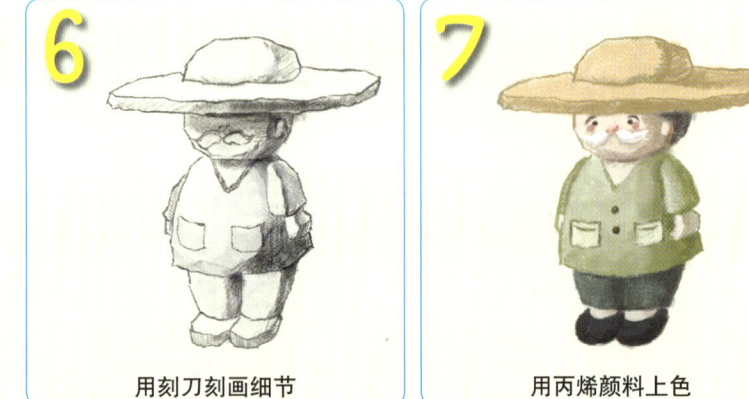

1 设计茶农形象

2 在椴木块上画出正视图

3 在椴木块上画出侧视图

4 用锯子进行直线切割，锯出大的体块

5 用刻刀进一步明确各部分体块

6 用刻刀刻画细节

7 用丙烯颜料上色

- 椴木块
- 雕刻刀
- 快速锯
- 防割手套
- 丙烯颜料
- 切割垫板

第3课时 水墨品茶
——茶汤与好心情

画出茶韵！

喝茶是闽南人的生活日常，一起用水墨传达出喝茶时的感受吧！

水墨品茶

活动名称：水墨品茶
适合年级：高中学段
创作类型：中国画
准备材料：毛笔、书画毛毡、国画颜料、调色盘
活动时长：40分钟

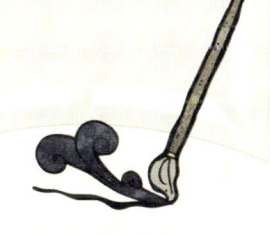

步骤图

准备材料

《人散后，一勾新月天如水》 丰子恺

闲时，大家围坐在一块喝茶聊天，让人感到舒适和安乐。丰子恺的这幅作品用疏朗简洁的笔触勾勒出房舍廊前的景致，表达了与友人相聚后的心境。你会如何用水墨表达喝茶的感受？

先来看看茶壶的画法。

注意落笔的顺序。

1. 画出人物
2. 画出石头和茶具

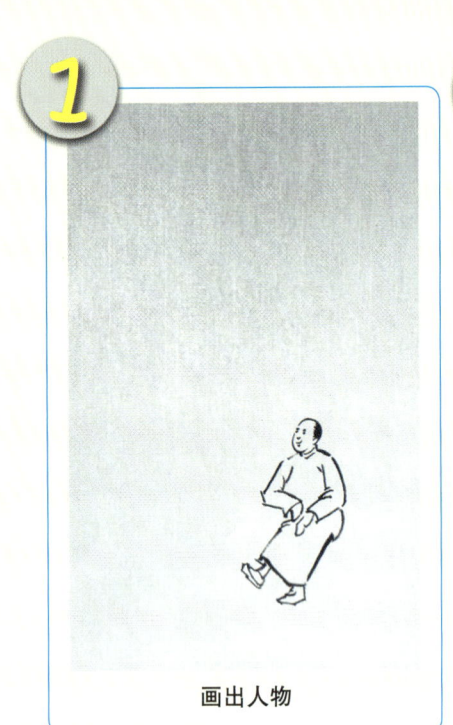

画石头纹理时，笔中的水分要少。

3. 增加石头的纹理，并画出柳树的树干
4. 画出有遮挡关系的柳条
5. 作品完成

拓展

不仅人物的动作、神态能够传达出喝茶的感受，一处小景、几件物品也能体现喝茶的心境，甚至流动的线条、错落的墨点都能表达情思，一起来欣赏。

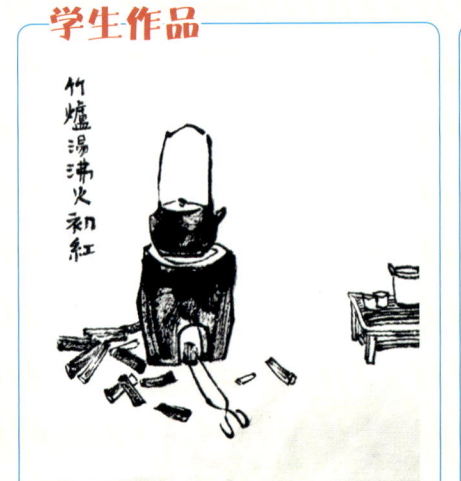

学生作品

竹爐湯沸火初紅

名作欣赏

住

福建篇

非遗里的中国智慧

FEIYILI DE
ZHONGGUO
ZHIHUI

高中分册

对话世界文化遗产

（欣赏·评述单元）

❋ 单元情境
外国的学生旅行团要来参观福建土楼，厦门英才学校的学生担任导游工作，向外国小朋友介绍鉴赏世界文化遗产——福建土楼的方法。同学们，我们该从哪几个方面进行鉴赏呢？

❋ 单元目标
能知道：土楼建筑中的特色建造工艺。
能做到：运用至少3种的方法欣赏建筑，围绕建筑进行调研并制作美术作品。
能理解：至少3种建筑所蕴含的智慧。

❋ 单元评价
掌握欣赏福建土楼的方法，能够理解世界文化遗产的重要价值。学会运用不同的现代化创新材料来创作作品，理解活态传承世界文化遗产的方法与路径。通过土楼的鉴赏与再创作，实现文明交流与互鉴。

❋ 单元任务
了解建筑的类型、材料使用、营造技艺和空间布局，能通过不同的方法欣赏土楼建筑，理解世界文化遗产中所蕴含的中国智慧。

❋ 中国智慧
聚族而居、因地制宜、以人为本、和谐共生

第 1 课时 且"筑"为"家"
——古建筑设计的特点

学习目标

◎ 知道闽西南传统民居的艺术特点；运用综合材料创作古建筑微缩模型；理解闽西南传统民居的营造与生活智慧。

◎ 关键词：政治智慧　生活智慧　环境智慧

独具代表性、真实性和完整性的永泰庄寨，当下正计划申报世界文化遗产。中国古代建筑是一本厚重的家文化历史书，记录着过去，承载着如今。那我们该如何运用艺术来助力传统古建筑申遗？

1."住"与"筑"

要用艺术的手段来呈现古建筑的魅力，首先就应该深入地去了解这些建筑。

闽西南的民间传统建筑因地制宜地使用不同类型的木构梁架，利用周边环境，与自然和谐共生，同时民居建筑大多就地取材，广泛开发利用当地建筑材料。

它们是中国历史的积累和民间智慧的结晶，体现出中国传统建筑的特点。

永泰庄寨

2.申遗之路

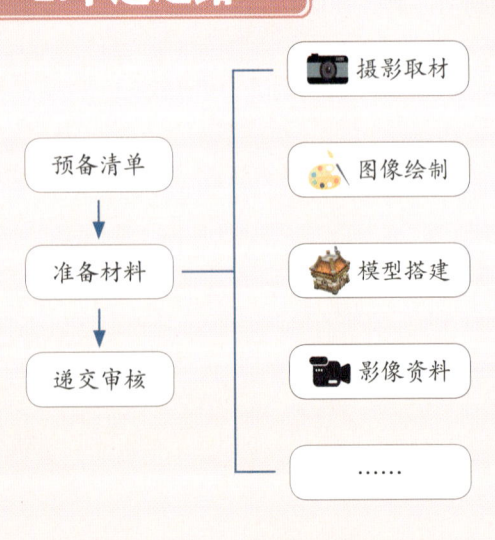

预备清单 → 准备材料 → 递交审核

- 摄影取材
- 图像绘制
- 模型搭建
- 影像资料
- ……

在项目申遗的过程中，艺术如何发挥它的重要作用？

50

3.古建微模　为古建筑创建展示模型

为了更好地向人们展示古建筑真实的风貌，我们可以为其搭建一个微缩模型，充分运用各种材料进行营造，展现其"聚族而居、因地制宜"的智慧。

在设计前，我们要先行了解真实世界中建筑的内部结构与设计。以土楼为例，我们可以用手绘的方式将建造过程表现出来，作为后续创作的参考。

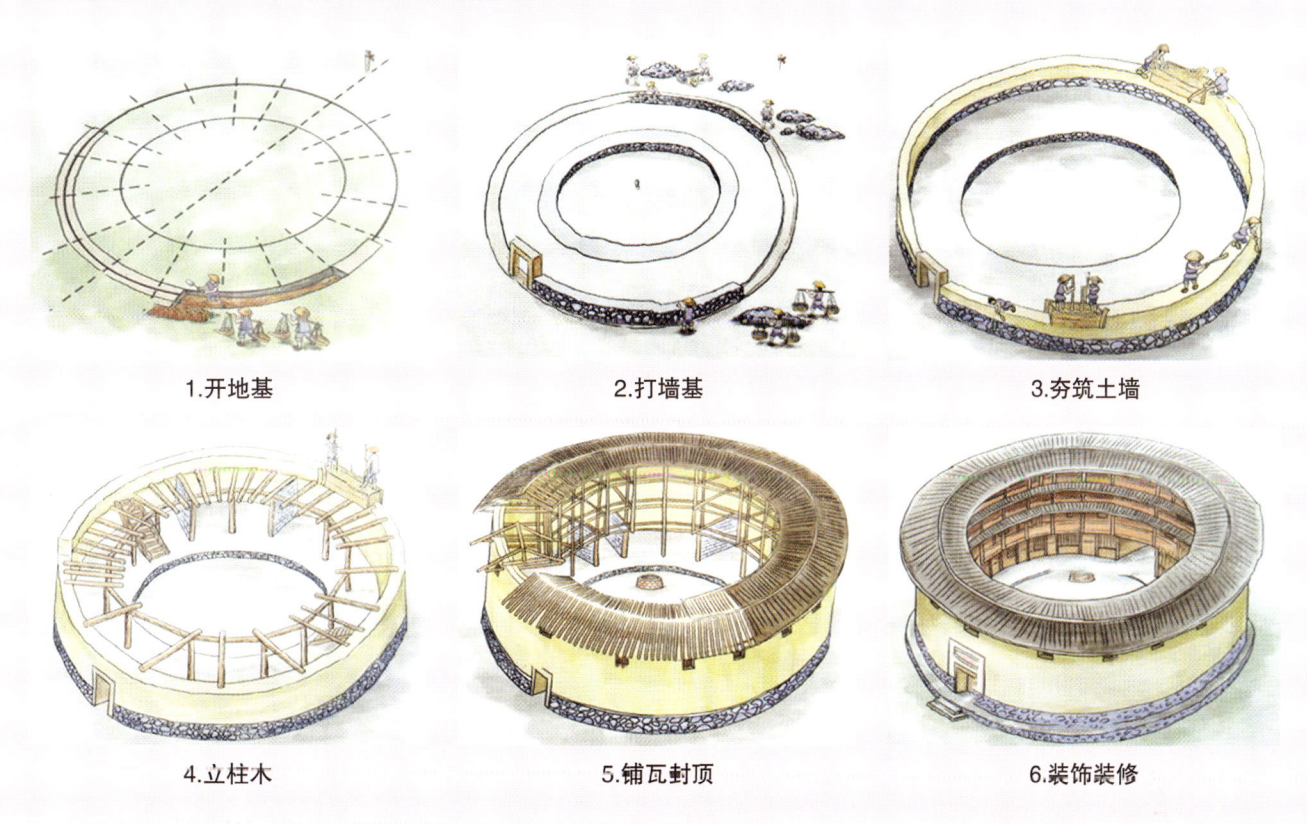

1.开地基　　　　2.打墙基　　　　3.夯筑土墙

4.立柱木　　　　5.铺瓦封顶　　　　6.装饰装修

参照以上步骤，选用合适的材料，我们就能化身古建筑建造者，创建一个完整的微缩模型了！

我的作品

学习评价

能综合运用各种材料完成模型的搭建。

作品在形态、结构与设计等方面能够充分体现对应古建筑的营造技艺与特点。

对话世界文化遗产

（创意·表现单元）

❀ 单元情境

外国的学生旅行团要来参观福建土楼，厦门英才学校的学生担任导游工作，向外国学生介绍鉴赏世界文化遗产——福建土楼的方法。同学们，我们可以从哪些角度和方法让世界文化遗产"活"起来呢？

❀ 单元目标

能知道：土楼建筑中的特色建造工艺。
能做到：传统与现代的手法和材料创作古建筑，提出不少于3种古建筑的传承与创新的活化方案。
能理解：至少2种建筑所蕴含的智慧。

❀ 单元评价

掌握欣赏福建土楼的方法，能够理解世界文化遗产的重要价值。学会运用不同的现代化创新材料来创作作品，理解活态传承世界文化遗产的方法与路径。通过土楼的鉴赏与再创作，实现文物的传承与创新。

❀ 单元任务

了解建筑的类型、材料使用、营构技艺和空间布局，学会运用不同的工具与现代媒材创作具有创意的古建筑，并将中国古建筑的智慧融入作品中。

❀ 中国智慧

聚族而居、因地制宜、以人为本、和谐共生

第1课时 "衣衫"傍水
——古民居的现代创意演绎

学习目标

◎ 知道提取古建筑元素的途径与方法；运用材料的拼贴来呈现古建筑的独特魅力；理解闽西南传统民居的营造与生活智慧。

◎ 关键词：生活智慧　环境智慧　空间智慧

闽西南传统古建筑展现了当地人"以人为本，和谐共生"的生活智慧。人们一边怀念着家乡，一边传承和发展着家乡的文化。一面是崇山峻岭，一面是金黄色梯田，犹如陶渊明笔下的世外桃源。

1.风土人情

居住在这些依山傍水的传统民居中，居民们过着日出而作，日落而息的生活，一到傍晚炊烟袅袅……

我们可以从传统古建筑及其环境中提取或抽象出设计元素，运用艺术手法将这里的风土人情传递给更多人。

河坑土楼群

材料会说话

牛仔布的肌理给人以古朴静谧的感觉，用来创作古建筑作品会显得更有韵味。

棉花松软的感觉可以传达出作品中居住在传统民居的人们正过着闲适的生活。

棉线作为拼贴的材料，可以用来从整体上把握作品的韵律，寓意绵长的山水生活。

2. "衣衫"古建

闽西南古建筑蕴含着古老的智慧，我们可以从不同的视角去观察和发现其天人合一、因地制宜的环境智慧，以及它亲山近水、天地相融的空间智慧。借鉴这样的智慧，综合运用以上材料，因材施用，我们就能创作出风格迥异的创意拼贴作品。

环境视角：依山傍水的格局

使用棉线进行剪裁，利用线条的叠加制造层次感。

将棉线弯曲后摆放，以线条的曲直创造韵律。

综合运用棉线拼贴的方式创作闽西南山水风情作品。

建筑视角：炊烟袅袅的生活

通过对建筑的观察，理解古建筑居民的生活智慧。在此基础上对古建筑关键元素进行提取，确定建筑结构与功能，再选用牛仔布、棉花、棉线等综合材料，便能拼贴出一幅具有生活气息的创意作品。

3. 集思广益

想要创作出富有深意的作品，在展览中传达古建筑方方面面的智慧，我们需要实地寻访古建筑。请你根据古建筑及其周边的环境，拍照打卡，留下古建筑部分结构的照片，探索其材质、营造技艺等信息，分析其蕴含的智慧。

结构照片	材质特点	营造技艺	蕴含智慧

为了完成古建筑创意拼贴作品，我们需要许多材料来帮助我们达成任务！和你的小伙伴一起头脑风暴：我们需要收集哪些材料和信息呢？把你们的讨论结果放入多功能古建创意材料箱内，然后开始创作吧！

多功能古建创意材料箱

学习评价

能通过观察，提取出传统民居中的智慧元素。

能通过作品充分地表现出传统建筑与居民生活的特点。

第 2 课时 "智慧"营造
——土楼中蕴含的智慧

学习目标

◎ 知道现代数字媒体技术的创作方法；运用计算机技术进行创意表达，将古建筑蕴含的种种智慧传达给他人。

◎ 关键词：政治智慧　空间智慧　表达智慧

闽西南传统古建筑融汇了人们的生存智慧与家园理想，建筑本身的内涵极为丰富。为了助力古建筑申遗，我们还能如何有创造性地为世人展现其蕴含的中国智慧？

1. "走进"古建筑

运用摄影技术，在所完成作品的基础上，带领观众游览其中。视频拍摄辅以创作解说，以更好地呈现古建筑风情，让更多人了解古建筑智慧。

1. 以土楼微缩模型为例，开启微游之旅。

2. 通过运镜，化身导游，带领观众"走进"作品。

3. 可以进一步在作品内添加灯饰等细节，增加感染力。

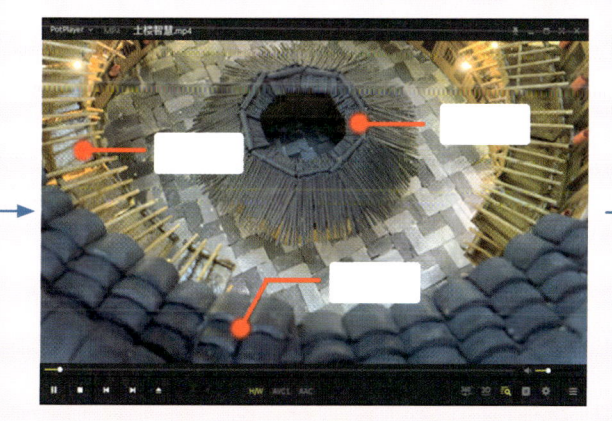

4. 深入作品内部，可以通过标注、解说等方式进行说明。

5. 完成的视频作品可以上传到在线平台，在更大的范围内分享。

2.数字化营造

AutoCAD 2022-Simplified Chinese

3ds Max 2021-Simplified Chinese

推荐使用的计算机软件：AutoCAD，3ds Max

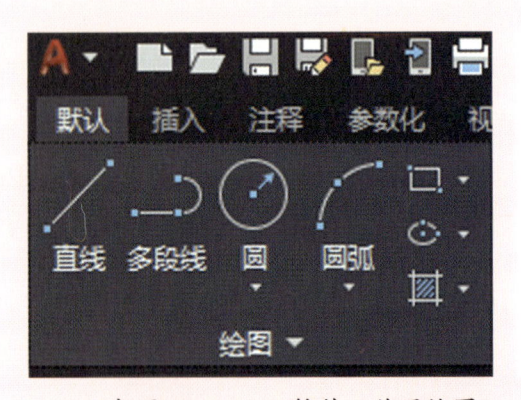

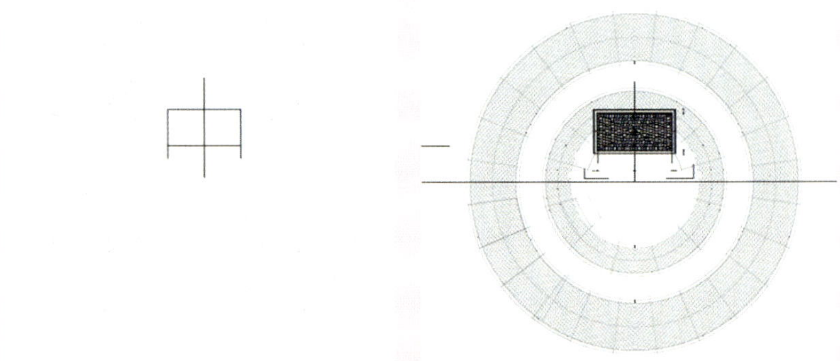

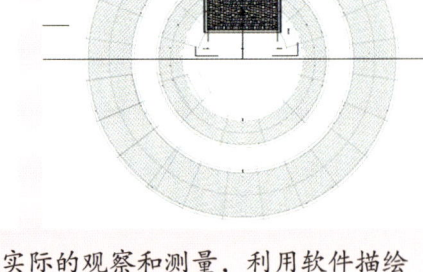

> 充分利用计算机软件，通过数字化技术，同样也能让古建新生！

1. 打开 AutoCAD 软件，使用绘图工具将自己观察到的建筑勾勒出设计图。

2. 以土楼为例，我们通过实际的观察和测量，利用软件描绘图纸，然后基于图纸开展创作，真实反映建筑的结构布局，保证作品呈现的准确性。

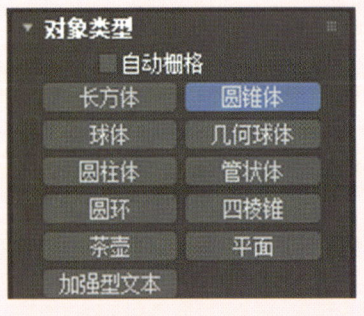

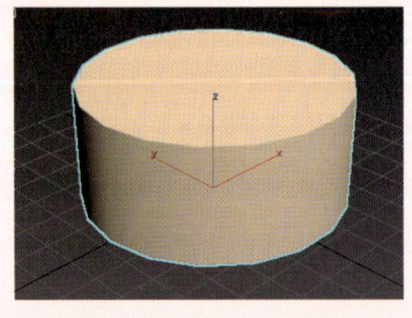

3. 我们也可以进一步使用 3ds Max 软件在计算机上进行创作。根据图纸，我们可以通过不同形状的组合来重现建筑本身，添上纹理后就完成了一个建筑数字模型的设计。

4. 上传你的作品，将古建筑智慧分享给他人！

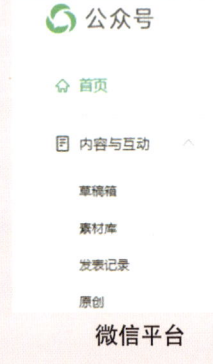

微信平台 　　视频平台

> "数字化营建"更加便于我们在线上进行分享和展示！

3.传递古建筑智慧

认识了这么多古建筑，形成了如此丰富的成果，我们该如何规划展览来呈现古建筑中的中国智慧？

展览规划图

设计说明：

从了解古建筑，到解读智慧，再到创意表达，你成功设计并呈现了闽西南古建筑所蕴含的中国智慧！有了作品，那接下来就是展览的展品验收环节了，快来评判一下你的成果能否通过验收吧！

如果你的方案符合下列描述，请在其左侧的括号内打"√"，达成以下7项，方可通过验收！

"海上丝绸之路"主题建筑展　展品验收单

☐ 我运用了多媒体技术进行成果的转化。

☐ 能通过计算机技术进一步分享成果，传达创作理念。

☐ 我的作品符合古建筑的历史、原始结构及主要功能。

☐ 我的设计参考了古建筑及其周边的环境。

☐ 根据团队共同分享的信息，我们构思了完整的设计方案。

☐ 我们创作的作品都有所依据，并且富有新意。

☐ 我和团队成员选用了合适的工具和材料来开展创作。

☐ 作品是通过团队高效的分工合作完成的。

☐ 我能大方得体地向观众介绍我们团队的创作成果。

☐ 我们的展示能让观众理解我们的设计意图，感知古建筑智慧。

行

非遗里的中国智慧

FEIYILI DE ZHONGGUO ZHIHUI

福建篇

高中分册

"行"之创意——迭代轨迹

（欣赏·评述单元）

单元情境

我们曾经或多或少学习过福船相关知识，如今我们是否可以将其放在美术学科的视野下，从不一样的视角欣赏福船？本单元我们将从新的视角出发深入探究福船，站在文化传承与创新的历史潮流中，用多种方式让更多的人认识福船，感受中国福船文化的魅力。

单元目标

能知道：学生能够把握设计的概念，老旧建筑的再利用方法，红点设计博物馆相关知识，以及与"行"有关的设计作品中体现的不同设计理念。

能做到：从不同的维度分析和鉴赏设计作品。

能理解：设计艺术与纯艺术的区别以及优秀产品设计的定义。

单元任务

本单元以福建地区的福船文化资源为引，将福船、红点设计博物馆作为核心案例，从艺术鉴赏角度出发，扩展学生纵向、横向维度的视野，培养学生视觉思维的目的。

单元评价

·能够进行倾听与回应，及时做好访谈记录，形成完整的调研报告。

·能够进行联想和想象，通过吸收、演化艺术家的创意想法和创作手段，完善自己的创作意图。

·能从文化角度分析和研究不同地区、民族传统艺术的继承与创新之间的关系，尊重并理解不同地区的文化内涵。

中国智慧

传承新生、天人合一、师法自然

第 1 课时

乘风破浪
——福船远航技艺

"南海一号"福船模型

　　《山海经》中有"闽在海中"的记载，福建背山面海，土地贫瘠的自然地理环境迫使福建人民以海为生。因此福建的造船业历史悠久，宋代更有"海舟以福建为上"的说法，所谓"海舟"就是指福船。那么福船究竟有何非凡之处，让我们一起去看看吧！

造型特征

　　福船的基本造型特点是船身高大如楼，上阔下窄，首尾高昂，首尖尾方，船底有粗大的龙骨，这些特征让福船利于破浪，稳定性好，抗风力强。

思考与探索

　　查找沙船的相关资料，比较它与福船造型有何不同之处。

←仿制郑和宝船

知识窗

有学者认为闽越人（古代生活在福建一带的居民）所乘的了鸟船是福船的雏形。了鸟船的造型有以下几个特点：

船头形似鸟嘴，有利于减少风浪的阻力；船身扁阔，可以增加船的稳定性；船底尖，吃水深。

了鸟船模型

远航奥秘

水密隔舱技术最早见于梁（南朝）《宋书》关于"八艚舰"的记载，即用木板将整个船舱横向隔成一个个密闭而不相通的小空间。拥有这种船舱结构的船在航行中一旦船身破损，能借助其他舱的浮力继续航行，大大降低了远航的风险。

水密隔舱结构模型

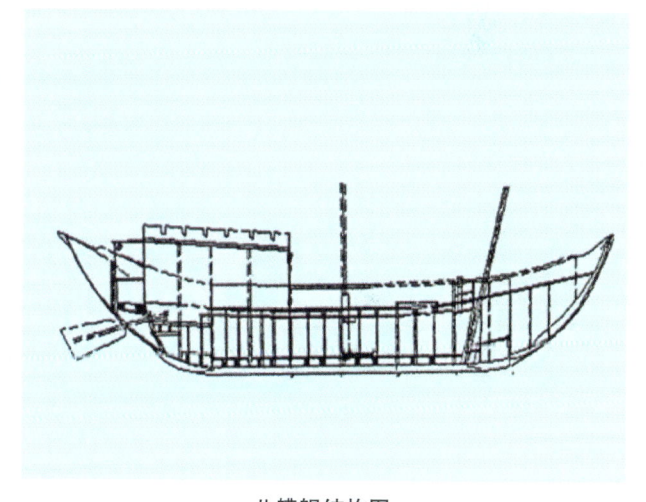

八艚舰结构图
（引自蔡薇、艾超、席龙飞《水密舱壁：中国古代船舶技术的领先贡献》）

宋元福船外围船壳板采用多重木板结构，能够增强船的耐波性，这种结构还便于修理，需要修理时，在破损之处覆盖一层即可。

思考与探索

在远航过程中，除了船体受损外，船员们还会碰到什么问题？他们该如何应对？

泉州出土的宋船船壳板

第 2 课时 继往开来
——福船文化传承

"福宁号"福船

随着时代的发展和渔业生产方式的变化，现代高科技船只广泛应用于生活之中，与其他传统产业一样，木质船面临着生存与传承的危机。为了传承祖辈的福船制造技艺，水密隔舱技术申报"急需保护的非物质文化遗产"时，项目保护单位承诺建造一艘仿古大福船，由此诞生了世界上最大的仿古福船"福宁号"。"福宁号"展现的不仅是福船技艺的传承，更承载了中国千百年来积淀的思想文化。

"福宁号"船头雕刻

"福宁号"船尾彩绘

思考与探索

观察"福宁号"的外观,并搜集相关资料,从造型、装饰、工艺、文化四个角度出发,探究"福宁号"是如何传承福船文化的。

维度	鉴赏
造型	
装饰	
工艺	
文化	

知识窗

在文化传承的潮流下,许多仿古福船在外观装饰上颇具特色,不仅更加美观,而且可以传递美好寓意。

水行镇物

宝船船头虎头镇物

福船侧面的镇物"猛"

虎、鹰、狮、鹢是舟船绘饰中常见的水行镇物,这些灵兽既是为了震慑水怪,也有降福呈祥的寓意。

福船的船尾侧面一般绘有一条形似海泥鳅的鱼,民间传说它是一种名叫"猛"的神鱼。

67

"头犁壁"与"花屁股"

"福舟号"船头

"福舟号"船头绘有虎头镇物，及泉州、厦门等地俗称为"头犁壁"的图案：一组掀起的山字形海浪，托衬一轮旭日，寓意前程似锦。

"福舟号"船尾

福船船尾常绘有吉祥图案，航海人戏称这种船为"花屁股"船。"福舟号"船尾绘有在海上展翅的鹢以及中国传统吉祥纹样"八仙过海"。

学习任务

小组合作尝试为"福宁号"设计一份宣传册，要求图文结合。

课外活动

复原大型福船的市场需求少之又少，因此小型的古船模型制作工坊逐渐兴起，其中不乏精品。

郑和船队模型

福船模型

1. 小组讨论：传播福船文化，你们有哪些好的办法呢？
2. 搜集家乡有关福船的商业性开发案例，并探讨其优缺点，可以用文字、绘画、摄影等方式记录下来。

第 3 课时　融合创新
——红点设计博物馆

红点设计博物馆·厦门

　　厦门高崎国际机场于 1983 年在改革开放的时代浪潮中诞生，厦门从此由一座"孤岛"变成了联通四面八方的枢纽。2018 年，"红点设计博物馆·厦门"落户 T2 航站楼，由于机场的特殊性，博物馆也成了衔接国际设计和中国设计的枢纽：全球的设计文化向中国输入，中国的优秀设计也走上了世界舞台。让我们一起走进这座独特的机场博物馆吧！

　　下面 3 张图片代表着三家航空公司，根据你的出行目的、心情和同伴，说一说你的选择。

《第 18 号》1950　　　　　　　　《红气球》1922　　　　　　　　《红，蓝，黄的构成》1930

杰克逊·波洛克　Jackson Pollock　　保罗·克利　Paul Klee　　皮特·蒙德里安　Piet Cornelies Mondrian

航站楼的变迁

红点设计博物馆由闲置的 T2 航站楼改建而成。这座建筑说得上是"历经曲折"，它在不同的时期承担着不同的任务，你了解它的故事吗？

T2 航站楼原貌

红点设计博物馆·厦门

建造之初 ➔ 创意改造

20 世纪 90 年代，刚建成的 T2 航站楼是 T1 航站楼的补充，之后又成为 T3 航站楼的附属建筑，甚至一度被停用。直到 2018 年摇身一变，它成为中国第一座"红点设计博物馆"。

馆内窗景

馆外巴士站台

红点设计博物馆的窗景（飞机起降）与地景（原机场巴士站台）都强调建筑独有的机场元素。颇具年代感的巴士站台仿佛一位老者在诉说往昔，观展的同时欣赏飞机起降的体验充满新奇感。曾经肩负承运使命的 T2 航站楼通过改造再利用，面貌焕然一新。

特殊任务

2021 年 10 月，T2 航站楼接下疫情防控的新任务，再次经历重建并被命名为"国际/港澳台到达第二通道"，办理入境航班旅客的相关手续，与境内旅客进行物理空间上的区隔，使疫情防控更严格高效。

红点设计博物馆虽然搬离了 T2 航站楼，但仍立足于厦门，继续集结优秀的设计资源，向观众展现设计盛宴。

国际/港澳台到达第二通道

设计飨宴

红点设计博物馆通过四个常设展厅不断输出全球最佳、最新的设计作品，使我们能走进多元的设计世界，感受设计魅力。

"成功之道"

"成功之道"展厅展示了来自全球400多家企业的600余件红点获奖作品，让参观者能更直观地理解企业如何通过设计走上"成功之道"。

"世界观"

"世界观"展厅由第一代民航N-24运输机改造而成，是博物馆的标志性空间。该展厅为各种先锋文化以及科技成果提供展览空间。

"设计元素"

"设计元素"展厅展出"当代好设计奖"的获奖作品，你能从中看到很多中国设计师作品或为中国而设计的产品。

"设计影院"

"设计影院"用于举办"红点设计影展"，会陆续推出各种与设计相关的主题影展。

知识窗

红点设计大奖是国际公认的全球工业设计顶级奖项之一。该奖源自德国，由德国设计协会创立，至今已有超过60年的历史，包括产品设计、传达设计以及设计概念三个大类的竞赛，素有设计界的"奥斯卡"之称。红点设计大奖与德国的"iF奖"、美国的"IDEA奖"并称为世界三大设计奖。

行之设计

设计渗透在日常出行的方方面面，红点设计大奖的获奖作品中就有很多与出行有关的设计，我们一起看看吧！

形式追随功能

"形式追随功能"曾是实用主义设计师的口号，我们可将其理解为：每一个问题都有一个特定的、具体的解决方案，产品采取何种形式是由想要实现的功能决定的。

右图的电动滑板车可以快速折叠起来，变成一个类似拉杆箱的物品，甚至能被拉着走。可见这是一个极度强调便携功能的设计，随身携带电动自行车由此成为现实。

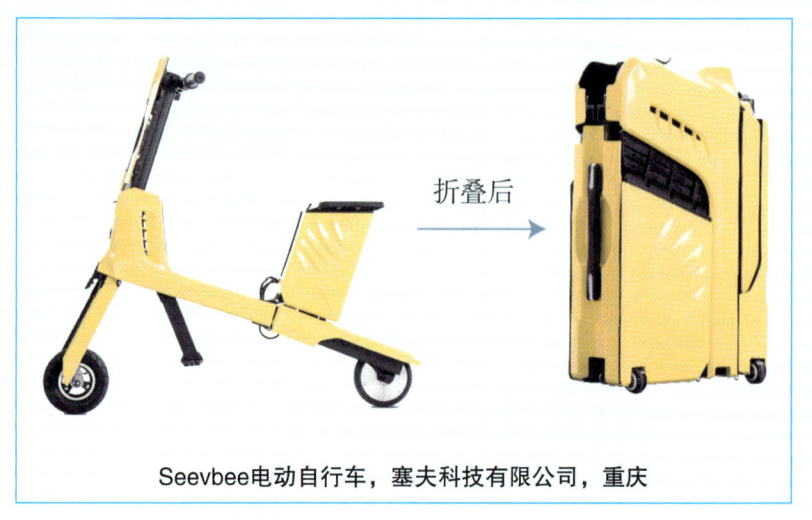

折叠后→

Seevbee电动自行车，塞夫科技有限公司，重庆

形式追随情感

当代优秀的产品设计往往是有温度的，能够重视人们的需求，并利用各种方式的科技创新，让用户更好地感受产品所带来的社会进步。

自加热铺地系统，Choi Jisoo，韩国

随行轮椅，C60Design Co.,Ltd，深圳

在下雪天，"自加热铺地系统"利用太阳能充电启动加热系统，银色网格将会升温使冰雪融化。这可以防止视力受损的人跌倒在冰冻和湿滑的路面上。

随行轮椅是一个考虑到轮椅推车者休息需求的周到设计，同时，它为轮椅使用者与推车者之间的沟通交流创造了机会。它的设计旨在使每个使用者感到温暖和舒适。

思考与探索

说一说在你乘坐过的交通工具中，有哪些令你印象深刻的设计。

设计鉴赏

红点奖创始人彼得·扎克（Peter Zec）认为，一个好的产品设计具有四种特质：功能品质、魅力品质、使用品质、责任品质。

> 以设计品质为鉴赏角度

01 功能品质（functional quality）　　即产品设计能够满足人们的某些实际需求。

02 魅力品质（seduction quality）　　即为产品增加一些美学趣味、属性或元素。

03 使用品质（usability quality）　　主要是指人们在日常生活中的实际体验的好坏。

04 责任品质（responsibility quality）　　产品设计应始终把对人与环境的责任纳入其中。

当我们了解了这四种特质的含义之后，来看看如何从这四个维度去鉴赏设计作品吧！

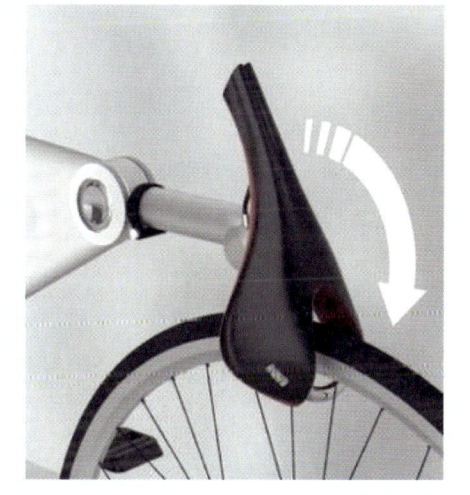

自行车鞍座锁，Lee Sang Hwa，韩国

维度	鉴赏
功能品质	自行车是常用的出行工具，在到达目的地之后，我们总是希望自行车处于安全的状态，所以这个鞍座锁提供了一种方便快速的方法锁定后轮，无需额外的配件便可保证自行车的安全。
魅力品质	这是一件自行车锁的概念设计作品，在鞍座后设计一个凹槽并与锁结合，向后倒的鞍座与斜杠车架以及后轮形成了一个闭环，这种远程联想创意令人感到惊奇，充满独特的审美感受。
使用品质	从防盗性能来说，鞍座锁似乎无法保证车辆不被盗窃，但它能防止人骑上它；另外，座椅下的螺栓长期使用能否保持良好的稳定性需要关注，如果骑行时座椅会晃动，将会是糟糕的体验。
责任品质	自行车是一种便捷的绿色出行工具，使用自行车短距离出行的人数在增加。当人需要短暂离开自行车，鞍座锁能简化锁车动作，使自行车的使用更简便，大大增加人们的使用意愿。

小试牛刀

这是一件曾在馆内展出的名为"移动单车桌"的设计作品，它的灵感来源于城市各个角落被废弃的私人单车以及共享单车，车轮与桌子的巧妙结合实现了资源的循环利用。接下来试着根据提供的图片资料对"移动单车桌"进行鉴赏分析。

造型细节

移动单车桌，李甫，深圳

梯形桌面

刹车

可折叠钢架

使用场景

创意改造

维度	鉴赏
功能品质	
魅力品质	
使用品质	
责任品质	

"行"之创意——迭代轨迹

（创意·表现单元）

❈ 单元情境

以福船文化为代表的中国传统非物质文化遗产，在当下要得到更好的传承与发展，需要人们为其注入新的活力。本单元将通过应用设计、平面艺术等形式探索传统文化的新表现，使得传统文化与生活、艺术进一步结合。

❈ 单元目标

能知道：福船的造型特征、装饰元素，福船适合远航的原因以及福船文化传承与传播的现状。

能做到：展示、讲解自己的作品，积极与同学讨论；挖掘出福船上更多"美"的、独特的元素，并运用文创产品的设计方法，设计新颖的文创产品。

能理解：传播以福船文化为代表的中国非物质文化遗产的重要性。

❈ 单元任务

本单元以福建地区的福船文化资源为引，将现有的大福船作为核心案例，以设计福船的文创产品为途径，提升学生的创造性思维，培养学生热爱家乡、弘扬中华优秀传统文化的情感。

❈ 单元评价

· 通过欣赏优秀的文创产品，了解文创产品设计的知识。
· 能够将福船的文化元素与文创产品结合进行创意设计。
· 增强对家乡的文化认同，为保护传播福船文化出谋划策。
· 能够从多角度对自己和他人的作品进行评价。

❈ 中国智慧

传承新生、天人合一、师法自然

第1课时 古船印象
——福船文创设计

文创设计让美术更好地融入生活、为生活服务，接下来尝试以福船为主题进行文创设计。

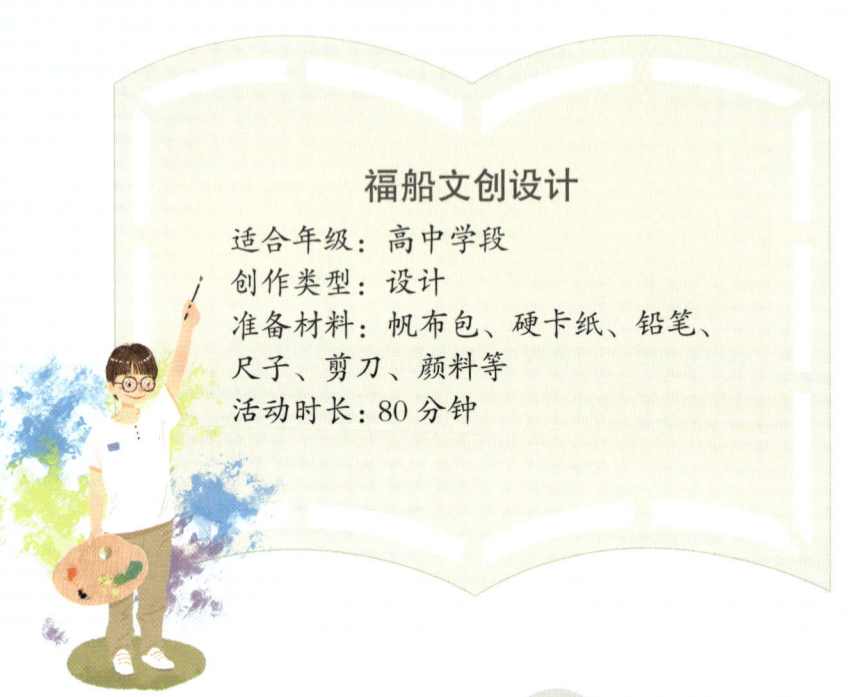

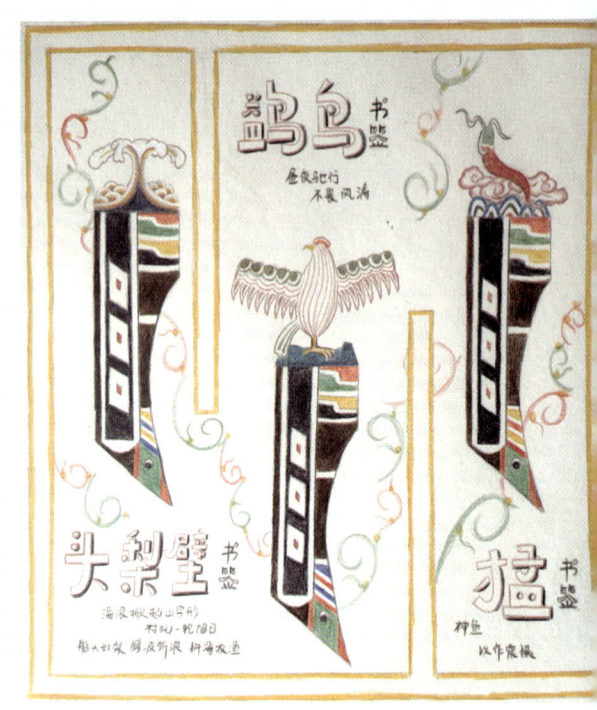

福船文创设计

适合年级：高中学段

创作类型：设计

准备材料：帆布包、硬卡纸、铅笔、尺子、剪刀、颜料等

活动时长：80分钟

1 提炼设计元素

我们在福船上可以找到许多精美的纹样，例如鹢鸟、虎头、卷云纹、海浪纹等，可以以这些传统纹样为基础进行设计。

2 绘制设计图案

利用简化、夸张的方法对收集到的福船纹样进行设计，使图案更具设计感。

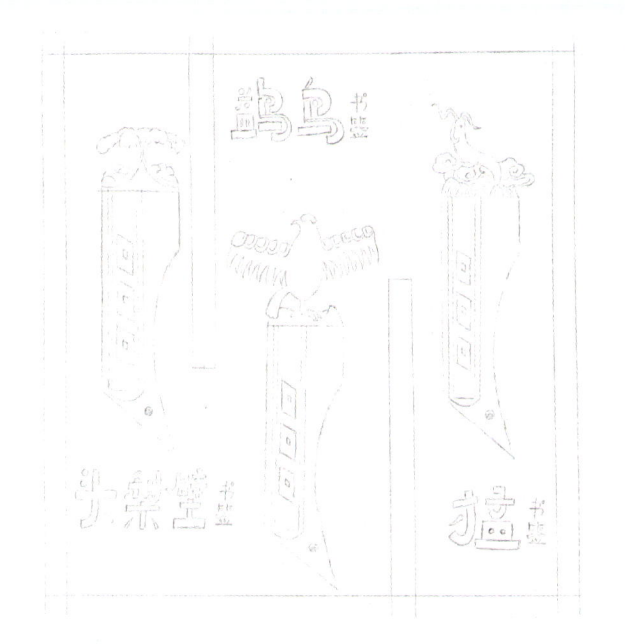

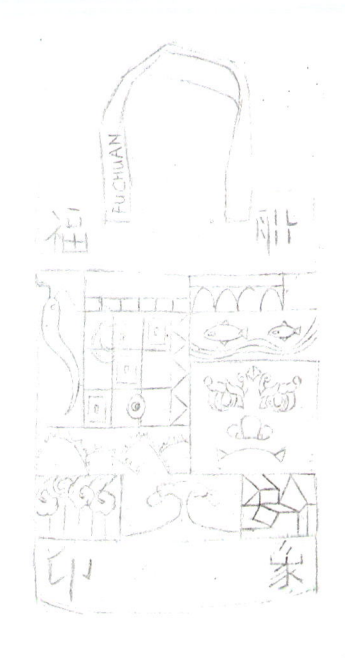

helpful tips　回想一下蒙德里安的《红、黄、蓝的构成》、毕加索的《格尔尼卡》，他们是如何对画面进行几何分割，对物体进行分解、重构的，从而创作出经典的作品。你也可以尝试用这些方法进行设计。

3 上色

选择适当的颜色上色，书签可以剪裁后直接使用。除了书签、帆布袋以外，还可以设计图案应用于明信片、文具等产品。

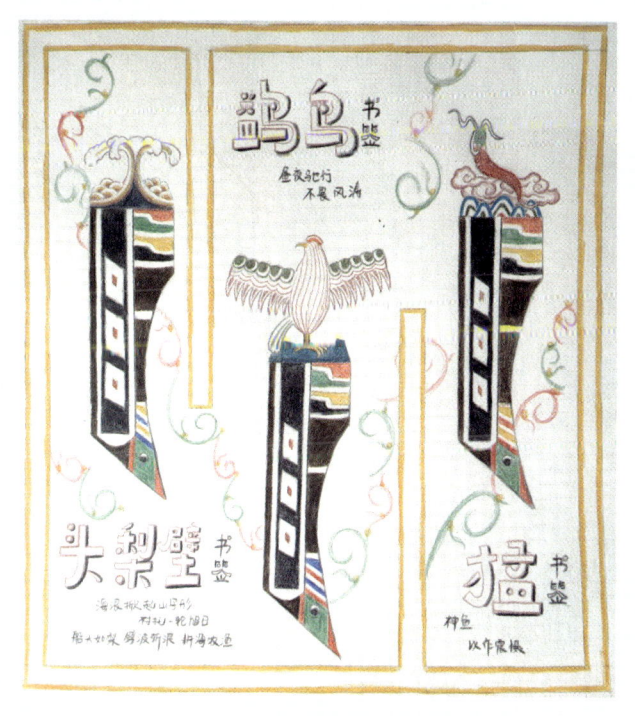

第 2 课时　布帆无恙
——福船粉印版画

版画是美术的一个重要门类，它是一门"图画与手工综合"的艺术，粉印版画是其中的一种，今天让我们一起尝试制作粉印版画，创作属于自己的独特福船！

福船粉印版画

适合年级：高中学段
创作类型：绘画
准备材料：吹塑纸、卡纸、铅笔、剪刀、水粉笔、水粉颜料等
活动时长：80分钟

1 从多个角度观察福船，寻找合适的构图方式。

知识窗

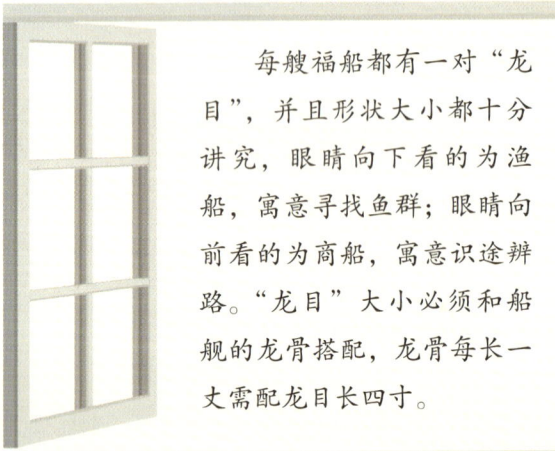

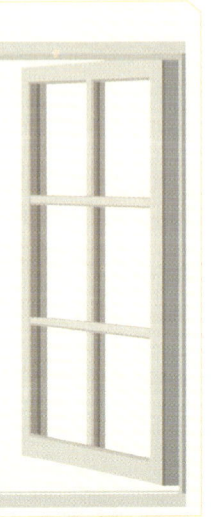

每艘福船都有一对"龙目"，并且形状大小都十分讲究，眼睛向下看的为渔船，寓意寻找鱼群；眼睛向前看的为商船，寓意识途辨路。"龙目"大小必须和船舰的龙骨搭配，龙骨每长一丈需配龙目长四寸。

78

2 材料准备

吹塑纸、水粉笔、水粉颜料、铅笔、卡纸、剪刀等。

3 设计草图

选择喜欢的观察角度进行福船绘制，并添加场景。

4 制版

根据草稿图在吹塑纸上用铅笔刻出画面造型所需要的线条。

5 裁剪

剪掉画面中多余的吹塑纸。运用色彩知识，给吹塑纸上色，使色彩和谐。

最后一步

将上好色的吹塑纸按照顺序拓印在卡纸上，最后富有创意性的福船粉印版画便完成啦！

课后拓展

版画的其他分类

木版画　　　丝网版画　　　铜版画

由于版画作品可以不断复制与循环，它常用作宣传海报。同学们也可以将这节课所创作的福船粉印版画多次拓印，宣传并发扬福船文化。

第3课时 一路福星
——交通工具设计

我们需要仔细观察生活，从生活中发现问题，充分运用自己积累的知识与解决问题的能力，设计出美观又实用的交通工具，改善人们的生活。

交通工具设计
适合年级：高中学段
创作类型：设计
准备材料：白纸、马克笔、铅笔、勾线笔、高光笔、橡皮等
活动时长：60分钟

1 搜集资料　寻找灵感

福建船政学堂是中国近代文明的发祥地。19世纪中叶，欧洲列强经海而来，用坚船利炮屡次叩开中国国门，引发空前的海防危机。1866年6月25日，时任闽浙总督的左宗棠上奏朝廷申请在福州马尾一带设局造船，更新海上武装，保卫海疆，实现"防海之害而收其利"的宏伟目标，福建马尾船政学堂应运而生，成为中国第一所新式学堂，培养出中国第一批船舰工程师。

福建船政学堂旧址　（图源：中国船政文化博物馆）

新型海上风电运维母船效果图 （图源：《福州晚报》）

知识窗

福建省是全国首个国家生态文明试验区，海上风电资源丰富。左图所示船只是国内首艘自主研发并由中国船级社完成船型设计认可的新型海上风电运维母船，其能高效率地解决海上风电场的交通、运维等问题。

思考与探索

交通工具的进步，会对我们的生活产生哪些影响呢？

案例鉴赏

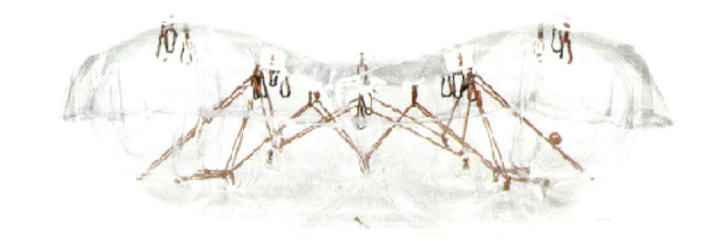

NEST，张逸凡，中国

设计说明

NEST 的灵感来自名为"幽灵"的鱼，它拥有透明的身躯和清晰的内部脉络。透过透明表面可以看见内部牵连的绳索结构，内部有 17 个夹锁，当夹锁上下牵制时，它将成为一个充气垫；松开内部夹锁，由于相互牵扯的绳索结构设计，气垫便成了可以行于水面的船。NEST 的立意在于服务人们的出行。人们既可以将其变成充气垫放在沙滩、草地上休息；也可以将其变换成充气船，在水中肆意徜徉。充气的设计又能让人们在使用后将其折叠放入随身行囊。

思考与探索

这些创意十足的船，都在哪些方面做出了创新？你还能想到什么巧妙的设计呢？

Sea-Doo Switch，庞巴迪公司，加拿大

该船结合浮筒的稳定性和甲板船的灵活性。座椅、储物柜和附件的设计类似儿童积木，可以轻松配置。颜色的使用凸显出其功能特征。Sea-Doo Switch 开关由可回收的热塑性材料制成。

"第二个太阳"帆船，Cesar Pieri，意大利

透明船体由藻类生物聚合物制成。
主帆由取自海洋的塑料制成，圆形和黄色代表了第二个太阳，代表可持续发展。

2 准备材料

白纸、马克笔、铅笔、勾线笔、高光笔、橡皮等。

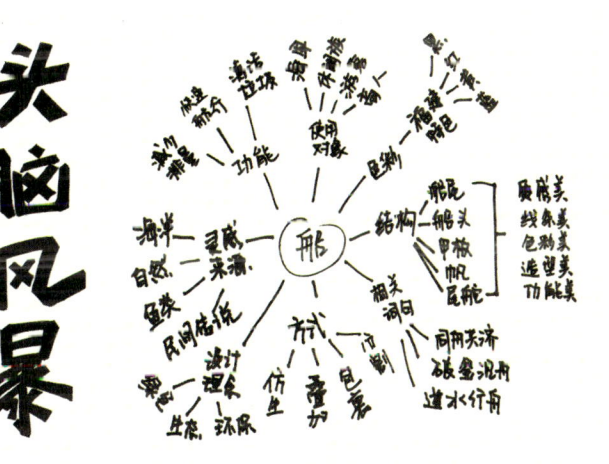

3 头脑风暴

确定一个核心词，利用发散性思维，从不同方向对核心词进行解构、联想，提出一连串小问题来展开更具体的分支。

4 绘制草图

根据思维导图，选择最终的设计内容用铅笔起形，打稿清晰，边画边思考，保持一定的准确性。

5 勾线

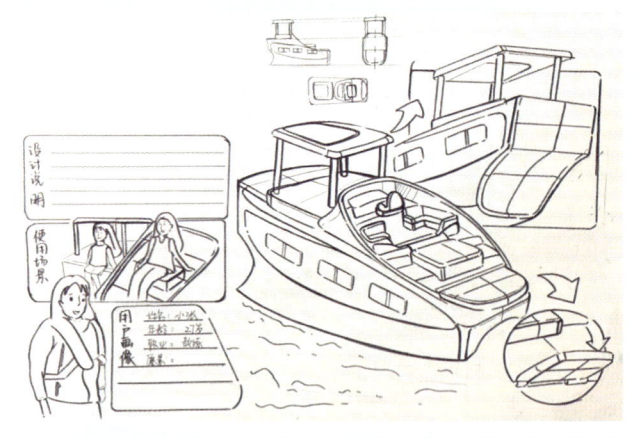

用粗细不等的勾线笔勾勒，尽量做到一笔成形，造型流利。

6 上色

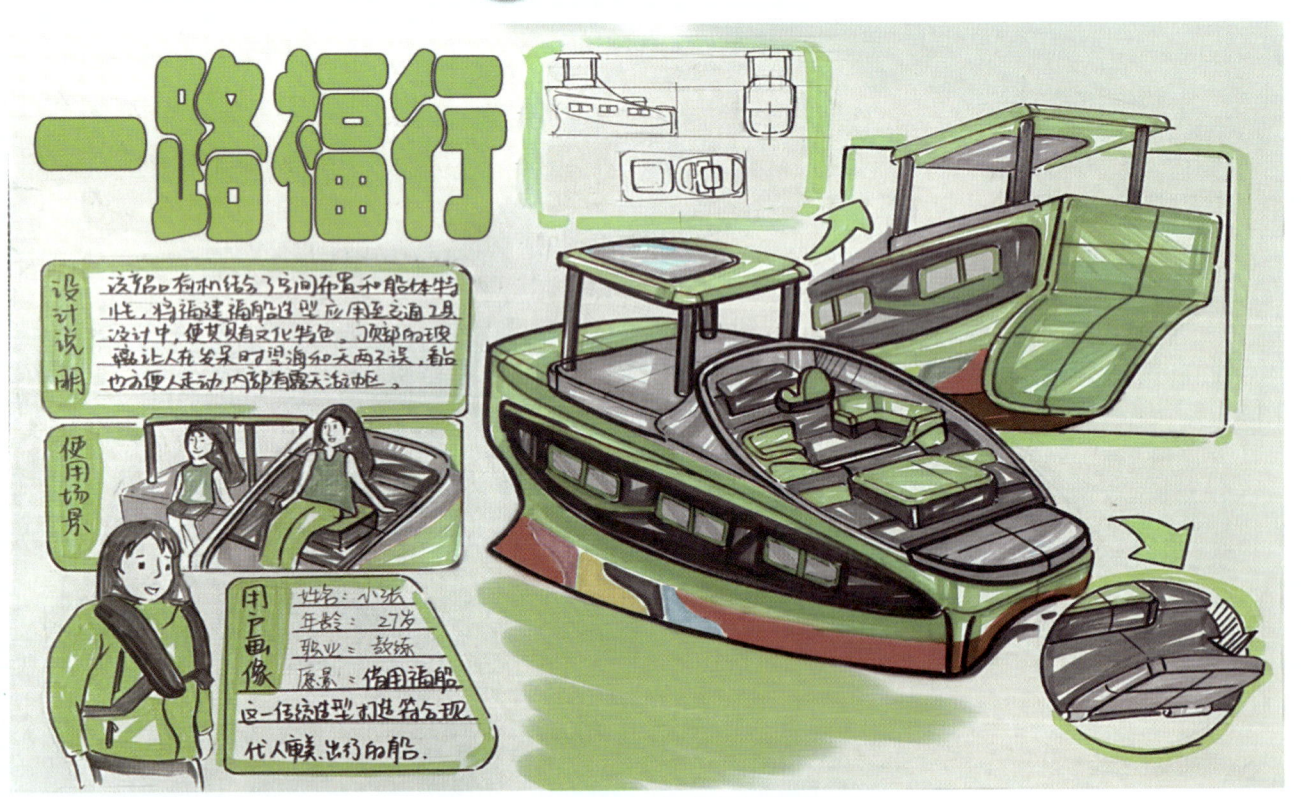

用马克笔上色，将光影关系表达清楚，表现出体积感。成稿包括标题、设计主体物、侧面图、细节、使用场景、使用人群、设计说明等。

课外活动

1. 在现实生活中，交通工具的设计还需要哪些步骤？请你查阅相关资料，了解交通工具设计的完整过程，与同学一起交流学习。

2. 为解决生活中某一问题设计一款实用的交通工具。